중국교육부
中外语言交流合作中心

HNK
한중상용한자능력시험 공식교재

신나는 한자

6급

(사)한중문자교류협회 연구소 편저

다락원

HNK
한중상용한자능력시험
공식교재

사단법인 한중문자교류협회 연구소는
한자와 중국어 교육의 효율성과 실용성을 높이는
교수·학습법 및 평가 방법을 연찬하고 선도합니다.

연구소장 황미라
연구위원 김종선　김순희　김경숙　진효혜
　　　　　　황덕은　이정오　최유정　여연임

신나는 한자 6급

지은이 (사)한중문자교류협회 연구소
펴낸이 정규도
펴낸곳 (주)다락원

초판 1쇄 발행 2018년 4월 10일
초판 5쇄 발행 2025년 9월 30일

편집장 이후춘
편집 한채윤, 전수민

디자인 정현석

다락원 경기도 파주시 문발로 211
내용 및 구입문의: (02)736-2031 내선 291~296
Fax: (02)732-2037
출판등록 1977년 9월 16일 제406-2008-000007호

Copyright© 2018, (사)한중문자교류협회 연구소

저자 및 출판사의 허락 없이 이 책의 일부 또는 전부를 무단 복제·전재·발췌할 수 없습니다. 구입 후 철회는 회사 내규에 부합하는 경우에 가능하므로 구입문의처에 문의하시기 바랍니다. 분실·파손 등에 따른 소비자 피해에 대해서는 공정거래위원회에서 고시한 소비자 분쟁 해결 기준에 따라 보상 가능합니다. 잘못된 책은 바꿔 드립니다.

ISBN 978-89-277-7102-9 13720

홈페이지 및 문의처
www.hnktest.com/www.hskhnk.com (02)837-9645

우리는 한자 공부를 왜 하는 것일까요?

우리는 한자 공부를 왜 하는 것일까요?

한자를 학습하는 것은
첫째, 우리말의 뜻을 제대로 알기 위함입니다.
한자를 제대로 학습하면 학년이 올라갈수록 어려워지는 학습용어를 쉽게 이해할 수 있게 되므로 공부에 흥미가 더해질 것입니다.

둘째, 중국어 학습의 기본을 다지기 위함입니다.
한글을 받아쓰고, 영어의 알파벳을 익혔듯, 한자를 익히는 것도 중국어를 공부하는 데 있어 기본적으로 필요한 과정입니다. 그런데 중국에서는 우리나라에서 쓰는 한자와는 다른 낯선 글자인 간체자를 씁니다. 따라서 한국 한자는 물론 간체자를 익히는 것도 중요합니다.

여러분!
자! 지금부터
한자 공부 제대로 해서
중국에서 공인한 한자시험인 '한자능력고시(汉字能力考试)'에 도전해 봅시다!

〈이 책을 통해〉

하나, 각 급별 한중상용한자의 훈과 음을 밝히고, 번체자와 간체자까지 함께 익힐 수 있습니다.

둘, 단계별 학업 성취를 느끼며 반복 학습할 수 있습니다.

셋, 한자의 기본 실력뿐 아니라 중국어 어휘의 기초를 다질 수 있습니다.

넷, 다양한 예문을 통해 한국사·과학·사회 등 교과 학습용어 이해를 높일 수 있습니다.

다섯, 예상문제를 통해 국제공인 한자자격증을 취득할 수 있습니다.

사단법인 한중문자교류협회
한중상용한자 교육평가 연구소

이런 내용이 들어있어요!

한자 공부는 왜 하는 것일까요?   _3

이렇게 구성되어 있어요   _6

HNK 국제공인 한자능력시험이란?   _8

HNK 시험 안내   _9

한자 터잡기   12

UNIT 1 15	**UNIT 2** 20	**UNIT 3** 25
UNIT 4 31	**UNIT 5** 37	**UNIT 6** 43
UNIT 7 49	**UNIT 8** 55	**UNIT 9** 61
UNIT 10 67		

교과서 한자어 참뜻 알기	73
사자성어 알기	77
반의자 · 유의자 알기	78
간체자 알기	80

한자 다지기 82

UNIT 3	84	UNIT 4	87	UNIT 5	90
UNIT 6	93	UNIT 7	96	UNIT 8	99
UNIT 9	102	UNIT 10	105		

사자성어 익히기	108
반의자·유의자 익히기	112
간체자 익히기	114
정답	115

예상문제 118

| 예상문제 1회 | 120 | 예상문제 2회 | 124 | 예상문제 3회 | 128 |
| 예상문제 4회 | 132 | 예상문제 5회 | 136 | | |

정답	140
6급 배정한자 모아보기	143

이렇게 구성되어 있어요!

한자의 재미가 팡팡!
여러 가지 놀이를 통해 과에서 배울 한자를 미리 보고, 그 쓰임을 이해해 보세요.

한자 기초를 꼼꼼하게!
한자의 뜻과 음, 획순 등 한자에 대한 기초 정보가 다 수록되어 있어 한자의 기초를 꼼꼼하게 이해할 수 있어요. 여기에 한자의 옛모양도 제시하여, 한자에 대한 재미를 느낄 수 있습니다. 무엇보다 교과서 한자어와 예문까지 실려 있어 한자를 통해 국어 어휘력이 쑥쑥 자라납니다.

중국어 기초도 한번에!
한중상용한자를 익히면서 중국어 간체자 모양과 발음까지 한번에 배울 수 있어, 중국어 학습의 기초를 쉽고 빠르게 다질 수 있습니다.

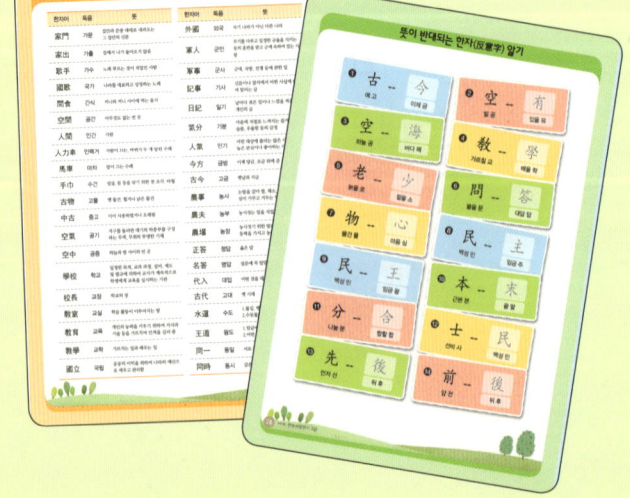

우리말 어휘력도 쑥쑥!
교과서 속 한자어의 참뜻을 익혀서 학과 공부도 쉽고 재미있게 할 수 있어요. 여기에 사자성어와 유의어, 반의어까지 익히면서 우리말 실력도 쑥쑥 자랍니다.

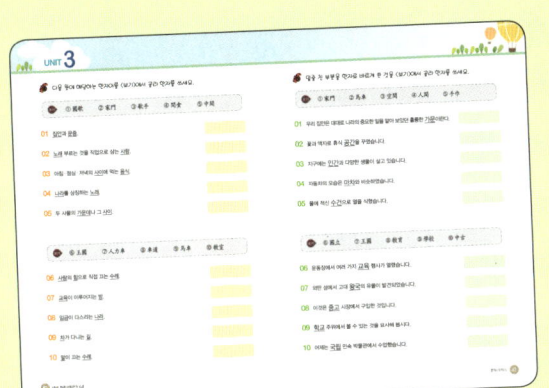

한자 실력을 단단하게!

뜻과 음은 기본, 구성되는 한자어의 참뜻과 예문에서의 활용까지 확인할 수 있어요. 다양한 문제를 통해 한자 실력을 한층 더 단단하게 다질 수 있습니다.

국제공인 한자자격증도 거뜬하게!

HNK 한중상용한자능력시험 예상문제를 풀어보세요. 다양한 예상문제를 통해 국제공인 한자자격증을 쉽게 취득할 수 있습니다.

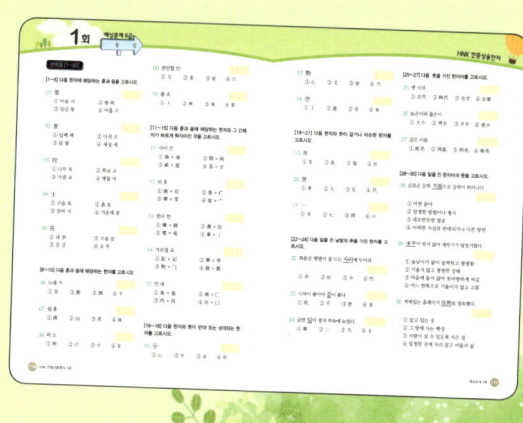

HNK Hànzì nénglì kǎoshì 汉字能力考试이란?

중국 교육부 중외언어교류합작중심(中外语言交流合作中心)에서 공인한 글로벌 한자능력시험입니다.

1. HNK의 특징

한자의 이해와 활용도가 높은 한자시험

- 교과서에 나오는 주요 개념과 용어를 정확하게 이해하고 활용하게 합니다.
  따라서 표현력과 사고력, 논리력은 물론 학과 성적도 쑥쑥 올라가게 합니다.

중국어 공부가 훨씬 쉬워지는 한자시험

- 간체자 동시학습으로 중국어 능력을 향상시킵니다.
  중국 상품 설명서나 중국어 어휘와 문장의 뜻을 해독할 수 있는 능력이 길러집니다.

2. HNK의 혜택

성적 우수자 및 지도 교사 중국 국비 장학 연수

- 혜택 : 중국內 체류 비용 지원 (학비, 기숙사비, 문화 탐방비 혜택)
- 기간 : 하계/동계 방학 중 1주 이내
- 장소 : 북경어언대학, 하문대학, 남개대학, 귀주대학 外
- 대상 : 초등학생~성인

3. HNK의 활용

한국 소재 대학(원) 및 특목고 입학 자료
중국 정부장학생 선발 기준
공자아카데미 장학생 선발 기준
중국 대학(원) 입학 시 추천 자료
각급 업체 및 기관의 채용·승진 평가 자료

4. HNK 자격증 견본

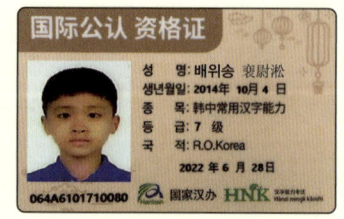

HNK 한중상용한자능력시험 안내

한중상용한자는 간체자를 포함한 한국과 중국에서 일상적으로 사용하는 한자를 뜻하며, 세계 표준 한자의 이해를 지향하는 학습용어입니다.

1. 검정과목

- 8급에서 1급까지 총 11개 급수, 본회 선정 급수별 한중상용한자에 대한 능력검정시험입니다.

2. 배정한자 수 및 응시료

급수	8급	7급	6급	5II급	5급	4II급	4급	3II급	3급	2급	1급
배정한자	50 (2)	100 (6)	200 (30)	300 (57)	450 (105)	650 (197)	850 (272)	1,050 (353)	1,870 (738)	2,670 (1,000)	3,800 (1,428)
응시료	25,000원								35,000원	45,000원	55,000원

※ 배정한자의 ( )는 간체자 수를 표기한 것임.
※ 상위 등급 배정한자는 하위 등급 선정한자를 모두 포함함.

3. 출제문항 수 및 합격기준

급수	8급	7급	6급	5II급	5급	4II급	4급	3II급	3급	2급	1급
출제문항 수	40	50	80	100	100	100	100	100	150	150	180
합격문항 수	28	35	56	70					105		144
시험시간(분)	40(분)			60(분)					90(분)		100(분)

4. 출제유형

출제영역 \ 급수(문항수)	8급 (40)	7급 (50)	6급 (80)	5II급 (100)	5급 (100)	4II급 (100)	4급 (100)	3II급 (100)	3급 (150)	2급 (150)	1급 (180)
1. 한중상용한자 훈과 음	13	15	20	30	30	30	30	30	30	30	20
2. 한중상용한자어 독음	15	20	20	30	30	30	30	30	35	35	25
3. 한중상용한자(어)의 뜻풀이	5	8	9	9	9	9	9	9	15	15	15
4. 반의자(어)	2	2	3	3	3	3	3	3	5	5	5
5. 유의자(어)			3	3	3	3	3	3	5	5	5
6. 한자성어(고사성어)			3	3	3	3	3	3	5	5	5
7. 훈과 음에 맞는 간체자·번체자			5	5	5	5	5	5			
8. 부수			2	2	2	2	2	2			
9. 번체자를 간체자로 바꿔 쓰기			5	5	5	5	5	5	15	15	20
10. 간체자를 번체자로 바꿔 쓰기			5	5	5	5	5	5	15	15	20
11. 한중상용한자(어) 쓰기			5	5	5	5	5	5	10	10	40
12. 그림보고 한자 유추하기	5	5									
13. 한자어 같은 뜻, 다른 표현 (동음이의어, 이음동의어)									10	10	10
14. 국제시사용어/외래어 표현									5	5	10
15. 한중상용한자어 활용											5

※ 한중상용한자 쓰기는 급수별 배정한자를 반영, 6급부터 다루고 있습니다.
※ 4급 배정한자에는 한·중·일 공용한자(808자)가 모두 포함되어 있습니다.
※ HNK는 '한자능력시험'이므로 중국어 발음은 출제 범위에 포함되지 않습니다.

5. 응시원서 접수 방법

- **인터넷 접수:** 홈페이지 www.hnktest.com 접속 ➡ 회원 가입(로그인) ➡ 회차 선택 ➡ 급수 선택 ➡ 개인정보 입력 및 사진 업로드 ➡ 고사장 선택 ➡ 응시료 결제 및 수험표 출력
- **방 문 접 수:** 각 지역본부 및 지사, 접수처 (증명사진 2매, 응시생 인적사항, 응시료 준비)
  응시원서는 홈페이지에서 다운로드 가능하며, 접수처에서 배부합니다.

사진규격 및 규정

- 인터넷 접수 시 jpg파일만 가능
  파일 크기- 50KB 이상 100KB 이하(100KB를 초과할 경우 업로드가 안됨)
  jpg파일 사이즈- 3×4cm(177×236픽셀)/스캔해상도 : 150dpi
- 사진은 최근 6개월 이내 촬영한 정면 증명사진으로 접수
- 일반 스냅 사진, 핸드폰 및 디지털 카메라로 찍은 셀프 사진, 측면 사진, 배경이 있는 사진, 모자 착용 및 규격 사이즈 미달 사진은 불가

시험 당일 준비사항

- 수험표, 신분증(주민등록증, 청소년증, 학생증, 여권 중 택1)
- 필기도구 – 검정 펜, 수정 테이프, 2B 연필, 지우개 등

응시자가 지켜야 할 사항

- 시험 시작 10분 전까지 입실해야 합니다.
- 시험 중간 휴식 시간은 없으며, 시험 중 퇴실할 수 없습니다.
  만일 특별한 사유로 중도 퇴실을 원할 경우, 반드시 감독관의 동의를 얻어야 합니다.
- 시험 규정과 고사장 수칙을 반드시 준수해야 하며, 위반 시 부정행위 처리, 자격 제한 등의 불이익을 받을 수 있습니다.
- 시험과 무관한 물건은 시험 시 휴대할 수 없습니다. 휴대폰, 전자사전 등은 전원을 끄고 배터리를 분리하여 지정된 장소에 옮겨 놓습니다. 만일 시험과 무관한 물품을 소지하여 발각될 경우 즉시 부정행위자로 처리됩니다.

합격 조회

- 시험일로부터 1개월 후 www.hnktest.com에서 조회 가능합니다.
- 문의 : (02) 837-9645

7급 배정한자 읽기 연습

江	犬	工	九	口	己	金	男
南	內[内]	女	年	多	大	東	力
六	林	立	馬	名	母	木	目
門	白	百	父	北	四	山	三
上	生	西	夕	石	先	姓	小
少	水	手	心	十	羊	魚	五
玉	王	外	牛	右	月	二	耳
人	一	日	入	子	自	弟	足
左	主	中	地	川	千	天	青[靑]
寸	出	七	土	八	下	兄	火
丶	丨	乙[乚]	丿	乀	亅	一	儿
凵	冖	几	冂	冫	勹	匕	卜
江	阝	厂	厶	马	东	鱼	门

사내 **남**	쇠 **금** / 성 **김**	몸(나) **기**	입 **구**	아홉 **구**	장인 만들 **공**	개 **견**	강 **강**
힘 **력**	동녘(동쪽) **동**	큰 **대**	많을 **다**	해 **년**	여자 **녀**	안 **내**	남녘(남쪽) **남**
눈 **목**	나무 **목**	어미(어머니) **모**	이름 **명**	말 **마**	설(서다) **립**	수풀(숲) **림**	여섯 **륙**
석(셋) **삼**	산(뫼, 메) **산**	넉(넷) **사**	북녘(북쪽) **북**	아비(아버지) **부**	일백(100) **백**	흰 **백**	문 **문**
작을 **소**	성씨 **성**	먼저 **선**	돌 **석**	저녁 **석**	서녘(서쪽) **서**	날(나다) **생**	위 **상**
다섯 **오**	물고기 **어**	양 **양**	열 **십**	마음 **심**	손 **수**	물 **수**	적을 젊을 **소**
귀 **이**	두(둘) **이**	달 **월**	오른 **우**	소 **우**	바깥 **외**	임금 **왕**	구슬 **옥**
발 **족**	아우(동생) **제**	스스로 **자**	아들 **자**	들(들어가다) **입**	날 해 **일**	한(하나) **일**	사람 **인**
푸를 **청**	하늘 **천**	일천(1,000) **천**	내(개울) **천**	땅 **지**	가운데 **중**	주인 **주**	왼 **좌**
불 **화**	맏(형) **형**	아래 **하**	여덟 **팔**	흙 **토**	일곱 **칠**	날(나가다) **출**	마디 **촌**
걷는 사람 **인**	머리 부분 **두**	갈고리 **궐**	파임 **불**	삐침 **별**	새 굽을 **을**	뚫을 **곤**	점 **주**
점(점치다) **복**	비수 숟가락 **비**	쌀(감싸다) **포**	얼음 **빙**	멀(멀다) **경**	안석 책상 **궤**	덮을(덮다) **멱**	입 벌릴 **감**
문 **문**	물고기 **어**	동녘 **동**	말 **마**	사사 (개인적인) **사**	언덕 굴바위 **엄**	병부 **절**	상자 **방**

한자 기초를 꼼꼼하게!

한자 터잡기

UNIT 1 ~ UNIT 10

교과서 한자어 참뜻 알기

사자성어 알기

반의자·유의자 알기

간체자 알기

HNK 6급
汉字能力考试

다음 카드에서 여러분이 아는 한자에 동그라미 해 보세요.

马 말 마	國 나라 국	東 동녘 동	靑 푸를 청
弟 아우(동생) 제	多 많을 다	世 세상 세	孝 효도 효
內 안 내	耳 귀 이	衣 옷 의	王 임금 왕

벌써 알고 있는 한자도 있고 처음 보는 한자도 있겠지만, 한자 공부는 언제나 재미있어요! 새로운 한자를 만나러 출발!

UNIT 1

월 일

그림 속 숨어 있는 한자를 찾아 동그라미 해 봅시다.

口　夂　宀　幺　广
夊　廾　弋　彑　彡

1단계 한자쓰기

새로운 한자를 만나 볼까요?

에울, 에워쌀 **위** — 총3획
口 口 口

🦋 四 넉 사 國 나라 국 🌸 성벽 등으로 사방을 에워싼 모양을 나타낸 글자입니다.

뒤져 올 **치** — 총3획
夂 夂 夂

🦋 사람의 발 모양을 본뜬 글자입니다. '夂 뒤져 올 치'와 '夊 천천히 걸을 쇠'는 본래 뜻과 음이 완전 다른 한자에요. 그런데 글자의 모양이 거의 비슷하기 때문에 '夊'를 써야 할 때도 간편하게 '夂' 모양으로 쓴답니다.

집 **면** — 총3획
宀 宀 宀

🦋 家 집 가 室 집 실 🌸 지붕이 있는 집의 모양을 본뜬 글자입니다.

작을 **요** — 총3획
幺 幺 幺

🦋 幻 헛보일 환 幼 어릴 유 🌸 꽈배기처럼 꼬인 작은 실타래의 모양을 본뜬 글자입니다.

집 **엄** — 총3획
广 广 广

🦋 庭 뜰 정 庫 곳집 고 🌸 산이나 바위 언덕 쪽에 기대어 만든 한쪽 벽면이 없는 집의 모양을 본뜬 글자입니다.

길게 걸을 인

총3획 (간체자는 2획)

🦋 延 늘일 연　廷 조정 정　🌸 발을 '길게 끌며 멀리 걸어감'을 나타낸 글자입니다.

손 맞잡을, 받들 공

총3획

🦋 弄 희롱할 롱　开 열 개　🌸 두 손으로 마주 잡아 받들어 올리는 모양을 본뜬 글자입니다.

주살 익

총3획

🦋 式 법 식　🌸 나뭇가지에 받침목을 댄 형태를 본뜬 글자입니다. (*주살: 줄을 매어 쏘는 화살)

돼지머리, 고슴도치 계

총3획

🦋 彔 기록할 록　彖 판단할 단　🌸 주둥이가 뾰족하게 나온 멧돼지 머리 모양을 본뜬 글자입니다.

터럭 삼

총3획

🦋 形 모양 형　彩 채색 채　🌸 머리털이 보기 좋게 자란 모양을 본뜬 글자입니다.

2단계 기억하기

한자에 알맞은 훈음을 써 보세요.

예시 韓(韩) ➡ 한국 한

1. 口
2. 夂
3. 宀
4. 幺
5. 广
6. 廴
7. 廾
8. 弋
9. 彑(彐)
10. 彡

훈음에 알맞은 한자를 써 보세요.

예시 한국 한 ➡ 韓 또는 韩

1. 에울(에우다) 위
2. 뒤져 올 치
3. 집 면
4. 작을 요
5. 집 엄
6. 길게 걸을 인
7. 손 맞잡을 공
8. 주살 익
9. 돼지머리 계
10. 터럭 삼

3단계 확인하기

배운 한자를 확인해 볼까요?

한자의 뜻과 음을 찾아 동그라미 해 보세요.

예							
(나라)	집	대문		國	문	(국)	가
집	받들다	터럭	에워싸다	口	포	입	위	면
빠르다	놓다	뒤쳐지다	잡다	夂	치	면	요	엄
머리	아래	집	뒤쳐지다	宀	치	면	요	엄
머리	아래	집	작다	幺	인	면	요	엄
머리	아래	집	터럭	广	공	면	요	엄
길게 걷다	조금	주살	작다	廴	인	면	익	엄
(두손으로)받들다	땅	집	주살	廾	공	면	요	엄
돼지머리	땅	집	주살	弋	인	계	익	엄
돼지머리	땅	집	터럭	彑(크)	계	익	엄	삼
돼지머리	땅	집	터럭	彡	계	익	엄	삼

UNIT 2

월   일

그림 속 숨어 있는 한자를 찾아 동그라미 해 봅시다.

彳   戈   攵   欠   歹
殳   爪(爫)   辶(辵)   爿(丬)   疒

1단계 한자쓰기

조금 걸을 **척**	총3획				彳 彳 彳

🦋 **往** 갈 왕   **後** 뒤 후   🌸 사거리를 그린 '行(다닐 행)'에서 오른쪽 부분을 생략한 모양을 본뜬 글자입니다.

창 과	총4획				戈 戈 戈 戈

🦋 **戰** 싸울 전   **成** 이룰 성   🌸 나무 자루 끝에 뾰족한 쇠붙이를 단 무기를 본뜬 글자입니다.

칠 복	총3획				攵攵攵攵 / 攴攴攴攴

🦋 **攻** 칠 공   **改** 고칠 개   🌸 '손으로 치다'는 뜻을 나타낸 글자입니다.

하품 흠	총4획				欠 欠 欠 欠

🦋 **歌** 노래 가   **歡** 기쁠 환   🌸 사람이 입을 크게 벌리고 하품하는 모양을 본뜬 글자입니다.

뼈 앙상할(살 바른 뼈) **알**	총4획				歹 歹 歹 歹

🦋 **死** 죽을 사   **殃** 재앙 앙   🌸 살을 발라내어 반으로 쪼갠 뼈를 나타낸 글자입니다.

UNIT 2

| 선생님 확인 | 부모님 확인 |

몽둥이, 칠 **수** — 총4획
殳 殳 殳 殳

- 殺 죽일 살　殿 때릴 구
- 손에 나무 몽둥이를 든 모양을 본뜬 글자입니다.

손톱 **조** — 총4획
爪 爪 爪 爪 / 爫 爫 爫

- 爭 다툴 쟁　爬 긁을 파
- 손바닥을 아래로 하여 무엇을 집어 올리는 모습을 본뜬 글자입니다.

쉬엄쉬엄 갈 **착** — 총4획(간체자는 총3획)
辶 辶 辶 辶 / 辶 辶 辶

- 遠 멀 원　近 가까울 근
- 쉬엄쉬엄 가는 것을 나타낸 글자입니다.

조각(널빤지) **장** — 총4획
爿 爿 爿 爿 / 丬 丬 丬

- 狀 문서 장　牀 평상 상
- 나무를 쪼갠 조각을 나타낸 글자입니다.

병들어 기댈 **녁** — 총5획
疒 疒 疒 疒 疒

- 病 병들 병　疾 병 질
- 사람이 병들어 자리에 누워있는 모습을 본뜬 글자입니다.

22　신나는 한자 6급

2단계 기억하기

🪰 한자에 알맞은 훈음을 써 보세요.

> **예시** 韓(韩) ➡ 한국 한

1. 彳
2. 戈
3. 攵(攴)
4. 欠
5. 歹
6. 殳
7. 爪(爫)
8. 辶(辶)
9. 爿(丬)
10. 疒

🪰 훈음에 알맞은 한자를 써 보세요.

> **예시** 한국 한 ➡ 韓 또는 韩

1. 조금 걸을 **척**
2. 창 **과**
3. 칠(치다) **복**
4. 하품 **흠**
5. 살 바른 뼈 **알**
6. 칠(치다), 몽둥이 **수**
7. 손톱 **조**
8. 쉬엄쉬엄 갈 **착**
9. 조각 **장**
10. 병들어 기댈 **녁**

3단계 확인하기

한자의 뜻과 음을 찾아 동그라미 해 보세요.

예						
(나라)	집	대문	國	문	(국)	가
조금씩 걷다	창	치다	하품	彳	과	척	복	흠
조금씩 걷다	창	치다	하품	戈	과	척	복	흠
조금씩 걷다	창	치다	하품	攵(攴)	알	척	복	흠
살 바른 뼈	몽둥이	창	하품	欠	알	척	수	흠
살 바른 뼈	몽둥이	창	손톱	歹	알	척	수	흠
살 바른 뼈	몽둥이	창	손톱	殳	조	척	수	흠
살 바른 뼈	몽둥이	창	손톱	爪(爫)	조	척	착	녁
쉬엄쉬엄가다	손톱	치다	뼈	辶(辶)	조	척	착	녁
앙상한 뼈	창	손톱	조각(널빤지)	爿(丬)	조	척	착	장
병들어 기대다	뼈	손톱	창	疒	조	척	착	녁

UNIT 3

월 일

그림 속 옛 한자를 보고 어떤 뜻인지 생각해 봅시다.

家　　歌　　間(间)　　車(车)　　巾
古　　空(空)　　校　　敎(教)　　國(国)

1단계 한자쓰기

| 집 가 | jiā | 宀 집 면 총10획 | 家家家家家家家家家家 |

家 家 家 家 家

- 家門 가문　國家 국가
- 가문 덕에 대접받는다.

| 노래 가 | gē | 欠 하품 흠 총14획 | 歌歌歌歌歌歌歌歌歌歌歌歌歌歌 |

歌 歌 歌 歌 歌

- 歌手 가수　國歌 국가
- 어릴 적부터 민서의 꿈은 가수였다.

| 사이 간 | jiān | 門 문 문 총12획 | 間間間間間間間間間間 間間間間間間 |

間 間 間 間 间 间

- 間食 간식　空間 공간
- 간식 시간에 빵을 접시에 담았다.

| 수레 거, 차 | chē | 車 수레 거 총7획 | 車車車車車車車 车车车车 |

車 車 車 車 车 车

- 人力車 인력거　車道 차도
- 자동차의 모습은 마차와 비슷하였다.

| 수건, 헝겊 건 | jīn | 巾 수건 건 총3획 | 巾巾巾 |

巾 巾 巾 巾 巾

- 手巾 수건
- 물에 적신 수건으로 열을 식혔다.

신나는 한자 6급

| 선생님 확인 | 부모님 확인 |

예고 gǔ
口 입구 총5획

古古古古古

古

- 中古 중고 古木 고목
- 마을 입구에 고목이 서 있었다.

빌, 하늘 공 kōng, kòng
穴 구멍 혈 총8획

空空空空空空空空

空

- 空中 공중 空白 공백
- 그는 오랜 공백을 깨고 새 음반을 발표했다.

학교 교 xiào, jiào
木 나무 목 총10획

校校校校校校校校校校

校

- 學校 학교 校長 교장
- 교장 선생님께서 기쁜 소식을 알려 주셨다.

가르칠 교 jiāo, jiào
攵 칠 복 총11획

教教教教教教教教教教
教教教教教教教教教教

教

- 教室 교실 教育 교육
- 운동장에서 여러 가지 교육 행사가 열렸다.

나라 국 guó
囗 에울 위 총11획

國國國國國國國國國國
國國國國國國國

國

- 國民 국민 王國 왕국
- 외딴 섬에서 고대 왕국의 유물이 발견되었다.

UNIT 3

2단계 낭송하기

🪰 한자의 뜻과 음을 소리 내어 읽어 보세요.

國　教　空　车　巾
古　間　间　校　国
家　　　　車
教　家　歌　古

🪰 교과서 한자어를 소리 내어 읽어 보세요.

家門　空白　空中　間食
教學　國家　學校　國民
古木　國立　手巾　歌手
校內　馬車　　　教室
　　　　空間　中古

3단계 확인하기

한자의 뜻과 음을 찾아 동그라미 해 보세요.

예

나라 집 대문	國	문 국 가
사이 옛날 비다 집 돼지	家	가 나 다 간 차
사이 군사 하품 집 노래	歌	건 가 나 다 라
문 듣다 묻다 집 사이	間	차 고 간 건 곤
군사 운동 집 수레 수건	車	건 고 차 거 초
차 수건 시장 수레 지금	巾	간 건 공 농 곤
운동 먹다 집 지금 옛날	古	공 강 가 고 파
장인 크다 작다 비다 차다	空	공 구 농 교 강
나무 사귀다 집 학교 교회	校	규 교 가 국 동
땅 먹다 배우다 가르치다 사이	敎	동 군 규 교 가
무기 노래 백성 가정 나라	國	교 구 국 동 군

4단계 기억하기

🪰 한자에 알맞은 훈음을 써 보세요.

> 예시 韓(韩) ➡ 한국 한

1. 家
2. 歌
3. 間(间)
4. 車(车)
5. 巾
6. 古
7. 空
8. 校
9. 敎(教)
10. 國(国)

🪰 훈음에 알맞은 한자를 써 보세요.

> 예시 한국 한 ➡ 韓 또는 韩

1. 집 가
2. 노래 가
3. 사이 간
4. 수레 거[차]
5. 수건 건
6. 예 고
7. 빌, 하늘 공
8. 학교 교
9. 가르칠 교
10. 나라 국

UNIT 4

그림에 이어진 옛 한자를 보고 어떤 뜻인지 생각해 봅시다.

월 일

軍(军)　今　記(记)　氣(气)　農(农)
你　答　代　道(道)　同

 **1단계 한자쓰기**

| 군사 **군** | jūn | 車 수레 거 총9획 | 軍軍軍軍軍軍軍軍軍
军军军军军军 |

軍 军 軍 軍 軍 军 军

🦋 軍士 군사 空軍 공군   🌸 세종 대왕도 군사들의 씨름 경기를 즐겨 보았다.

| 이제 **금** | jīn | 人 사람 인 총4획 | 今今今今 |

今 月 今 今 今 今

🦋 古今 고금 今年 금년   🌸 이 책은 고금의 명문을 골라 모아놓은 것이다.

| 기록할 **기** | jì | 言 말씀 언 총10획 | 記記記記記記記記記記
记记记记记 |

記 記 記 記 記 记 记

🦋 記事 기사 日記 일기   🌸 신문의 기사에서 직업과 관련된 내용을 모았다.

| 기운 **기** | qì | 气 기운 기 총10획 | 氣氣氣氣氣氣氣氣氣氣
气气气气 |

氣 气 氣 氣 氣 气 气

🦋 人氣 인기 氣分 기분   🌸 우리 만화보다 외국 만화가 더 인기가 높다.

| 농사 **농** | nóng | 辰 별 진 총13획 | 農農農農農農農農農農農
农农农农农 |

農 農 農 農 農 农 农

🦋 農事 농사 農家 농가   🌸 저수지가 있어 농사짓기가 편리하겠구나.

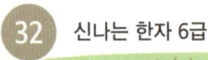  

| 너 니 | nǐ | 人 사람 인 총7획 | 你你你你你你你 |

你好! [Nǐ hǎo] 안녕, 안녕하세요!
你는 '너'라는 뜻으로 중국어에서 자주 쓰는 한자입니다.

| 대답 답 | dá | 竹 대 죽 총12획 | 答答答答答答答答答答答答 |

正答 정답 名答 명답
정답을 아는 학생은 먼저 발표하세요.

| 대신할 대 | dài | 人 사람 인 총5획 | 代代代代代 |

古代 고대 年代 연대
고대 로마 제국이 한순간에 무너졌다.

| 길 도 | dào | 辶 쉬엄쉬엄 갈 착 총13획 | 道道道道道道道道道道道道道 |

水道 수도 人道 인도
자전거 전용 도로.

| 한가지 동 | tóng | 口 입 구 총6획 | 同同同同同同 |

同生 동생 一同 일동
놀부는 동생 흥부를 시기하였다.

UNIT 4 33

2단계 낭송하기

한자의 뜻과 음을 소리 내어 읽어 보세요.

同　農　代　古　你
今　記　同　軍　記
道　　　軍　答　代
代　答　氣

교과서 한자어를 소리 내어 읽어 보세요.

軍人　吾吾　農民　年代
　人氣　空軍　人道
氣分　今年　正答　古今
　　　記事　一同
　水道　古代　同生　軍士

3단계 확인하기

배운 한자를 확인해 볼까요?

한자의 뜻과 음을 찾아 동그라미 해 보세요.

예
| (나라) | 집 | 대문 | | 國 | | 문 | (국) | 가 |

경찰	수레	노래	나	군인	軍	군	곤	간	기	금
어제	밤	저녁	지금	옛날	今	은	동	금	니	답
말	몸	너	기록하다	펼치다	記	금	농	고	기	가
힘들다	쌀	돼지	집	기운	氣	고	기	금	농	가
농사	하늘	땅	지금	먹다	農	대	도	낭	농	가
질문	대답	합하다	대나무	땅	答	합	대	도	답	갑
미리	대신하다	콩	주살	너	代	도	금	다	니	대
길	신발	가다	먹다	밤	道	대	기	도	두	다
마을	나무	같다	다르다	나	同	동	서	기	금	당

 **4단계 기억하기**

🪰 한자에 알맞은 훈음을 써 보세요.

> 예시 韓(韩) ➡ 한국 한

1. 軍(军)
2. 今
3. 記(记)
4. 氣(气)
5. 農(农)
6. 你
7. 答
8. 代
9. 道(道)
10. 同

🪰 훈음에 알맞은 한자를 써 보세요.

> 예시 한국 한 ➡ 韓 또는 韩

1. 군사 군
2. 이제 금
3. 기록할 기
4. 기운 기
5. 농사 농
6. 너 니
7. 대답 답
8. 대신할 대
9. 길 도
10. 한가지 동

UNIT 5

월 일

그림 속 숨어 있는 옛 한자를 찾아 동그라미 해 봅시다.

洞　　登　　來(来)　　老　　里
萬(万)　末　　每　　面　　文

1단계 한자쓰기

| 골(골짜기) 동 | dòng | 水 물 수 총9획 | 洞洞洞洞洞洞洞洞洞 |

洞

- 洞口 동구   洞內 동내
- 동구 밖 과수원에 꽃이 활짝 피었다.

| 오를 등 | dēng | 癶 걸을 발 총12획 | 登登登登登登登登登登登登 |

登

- 登山 등산   登校 등교
- 병주는 아버지와 함께 등산을 하였다.

| 올(오다) 래 | lái | 人 사람 인 총8획 | 來來來來來來來來 來來來來來來來 |

來

- 來日 내일   來年 내년
- 내일의 날씨는 어떨까?

| 늙을 로 | lǎo | 老 늙을 로 총6획 | 老老老老老老 |

老

- 老人 노인   老少 노소
- 어떤 노인이 그 소년에게 소머리 모양의 탈을 주었다.

| 마을 리 | lǐ | 里 마을 리 총7획 | 里里里里里里里 |

里

- 洞里 동리   里長 이장
- 최 씨는 우리 동리에서 최고 부자였다.

38 신나는 한자 6급

선생님 확인   부모님 확인

萬萬萬萬萬苎苜莒萬萬萬萬
万万万

| 일만 **만** | wàn |
艹 풀 초   총13획

萬

🦋 萬事 만사   千萬 천만   🌸 아버지는 만사를 제쳐두고 달려왔다.

| 끝 **말** | mò |
木 나무 목   총5획

末末末末末

末

🦋 年末 연말   末日 말일   🌸 이 건물은 올 연말에 완성된다.

| *매양 **매** | měi |
毋 말 무   총7획

每每每每每每每

每

🦋 每日 매일   每年 매년   🌸 매일 아침 체조하는 습관이 들었다.

| 낯, 겉 **면** | miàn |
面 낯 면   총9획

面面面面而而面面

面

🦋 面目 면목   全面 전면   🌸 그를 볼 면목이 없다.

| 글월 **문** | wén |
文 글월 문   총4획

文文文文

文

🦋 文字 문자   天文 천문   🌸 한글은 우리나라 고유의 문자이다.

*매양: 늘, 번번이

2단계 낭송하기

🪰 한자의 뜻과 음을 소리 내어 읽어 보세요.

文　洞　面　登　末
老　里　洞　每　來
　　萬　　　文
老　万　　老　登
來　　末

🪰 교과서 한자어를 소리 내어 읽어 보세요.

洞口　來日　洞里　每日

每年　　洞内　老人
　　千萬
面目　末日　全面　來年
　　　　　　　里長
　　　　文字
登山　　　年末　老少

3단계 확인하기

배운 한자를 확인해 볼까요?

한자의 뜻과 음을 찾아 동그라미 해 보세요.

예

| 나라 | 집 | 대문 | 國 | 문 | 국 | 가 |

골짜기	한가지	오늘	끝	시내	洞	둥	땅	동	등	당
내려오다	오르다	가다	시작	형	登	동	둥	래	등	당
오늘	오다	마을	중국	젊다	來	래	라	노	로	러
형	마을	끝	젊다	늙다	老	로	라	래	리	만
골짜기	늙다	젊다	밭	마을	里	리	로	라	만	말
일천	일만	매일	바다	일백	萬	모	면	만	말	매
시작	끝	매일	마음	나무	末	모	매	면	말	만
엄마	바다	마음	매일	내일	每	매	면	모	해	만
질문	나무	바다	낯(겉)	마음	面	만	굴	매	면	만
중국	가다	물건	글월	무기	文	문	먹	물	막	만

UNIT 5

4단계 기억하기

🐝 한자에 알맞은 훈음을 써 보세요.

> 예시 韓(韩) ➡ 한국 한

1. 洞
2. 登
3. 來(来)
4. 老
5. 里

6. 萬(万)
7. 末
8. 每
9. 面
10. 文

🐝 훈음에 알맞은 한자를 써 보세요.

> 예시 한국 한 ➡ 韓 또는 韩

1. 골 동
2. 오를 등
3. 올 래
4. 늙을 로
5. 마을 리

6. 일만 만
7. 끝 말
8. 매양 매
9. 낯 면
10. 글월 문

42 신나는 한자 6급

UNIT 6

그림 속 옛 한자를 보고 어떤 뜻인지 생각해 봅시다.

월   일

問(问)　　物　　民　　方　　本
夫　　　分　　不　　士　　事

1단계 한자쓰기

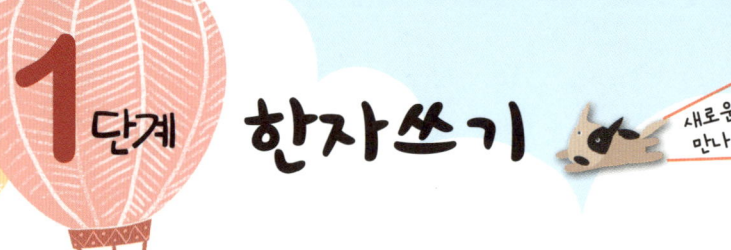

| 물을 **문** | wèn | 口 입구) 총11획 | 問問問問問問問問問問問
问问问问问问 |

問

🦋 問答 문답   問安 문안   🌸 이 책은 문답식으로 되어 있다.

| 물건, 만물 **물** | wù | 牛 소 우 총8획 | 物物物物物物物物 |

物

🦋 萬物 만물   文物 문물   🌸 인간은 만물의 영장(靈長)이다.

| 백성 **민** | mín | 氏 성씨 씨 총5획 | 民民民民民 |

民

🦋 國民 국민   民主 민주   🌸 국민이 힘을 합쳐 외세를 물리쳤다.

| 모, 네모 **방** | fāng | 方 모 방 총4획 | 方方方方 |

方

🦋 今方 금방   方面 방면   🌸 금방 비가 올 것처럼 하늘이 어둡다.

| *근본 **본** | běn | 木 나무 목 총5획 | 本本本本本 |

本

🦋 本末 본말   本文 본문   🌸 이 일은 본말이 전도된 격이다.

*근본: 사물의 본질이나 본바탕.

| 선생님 확인 | 부모님 확인 |

남편(지아비) 부 / 사내 부 — fū
大 큰 대 총4획 — 夫 夫 夫 夫

- 農夫 농부 工夫 공부
- 농부가 밭에서 김을 매고 있다.

나눌 분 — fēn
刀 칼 도 총4획 — 分 分 分 分

- 本分 본분 分立 분립
- 학생의 본분을 지키다.

아니 불[부] — bù
一 한 일 총4획 — 不 不 不 不

- 不安 불안 不足 부족
- 영희는 불안에 싸여 오들오들 떨었다.

선비 사 — shì
士 선비 사 총3획 — 士 士 士

- 士大夫 사대부 士氣 사기
- 그는 사대부 가문의 자손으로 체면을 지켰다.

일, 섬길 사 — shì
亅 갈고리 궐 총8획 — 事 事 事 事 事 事 事 事

- 事物 사물 事大 사대주의
- 이 동화는 사물을 의인화한 작품이다.

UNIT 6

2단계 낭송하기

한자의 뜻과 음을 소리 내어 읽어 보세요.

分 方 夫 問 事
物 民 物 問 本
士 方 夫 民
夫

교과서 한자어를 소리 내어 읽어 보세요.

問答　萬物　國民　方面

工夫　事大　今方　事物

本末　本分　本心　士大夫

士氣　不問

不安　民主　不足

3단계 확인하기

배운 한자를 확인해 볼까요?

한자의 뜻과 음을 찾아 동그라미 해 보세요.

예							
(나라)	집	대문		國	문	(국)	가
대답	물건	백성	대문	묻다	問	문 막 물 민 막
마음	물건	내일	소	장소	物	민 모 문 물 말
먹다	내일	나무	임금	백성	民	민 본 분 물 말
근본	나무	남편	모서리	원	方	벙 명 보 부 방
근본	내일	남편	형	나무	本	부 말 본 분 반
나무	크다	내일	아버지	남편	夫	부 분 발 보 바
칼	일	맞다	나누다	합치다	分	본 불 발 분 말
맞다	농부	오다	가다	아니다	不	불 말 가 사 발
흙	백성	오다	선비	농부	士	서 가 사 문 말
묻다	흙	먹다	일	가다	事	서 사 가 문 만

UNIT 6

4단계 기억하기

🪰 한자에 알맞은 훈음을 써 보세요.

> 예시   韓(韩) ➡ 한국 한

1. 問(问)
2. 物
3. 民
4. 方
5. 本
6. 夫
7. 分
8. 不
9. 士
10. 事

🪰 훈음에 알맞은 한자를 써 보세요.

> 예시   한국 한 ➡ 韓 또는 韩

1. 물을 **문**
2. 물건 **물**
3. 백성 **민**
4. 모, 네모 **방**
5. 근본 **본**
6. 사내, 남편 **부**
7. 나눌 **분**
8. 아닐 **불[부]**
9. 선비 **사**
10. 일, 섬길 **사**

UNIT 7

월 일

그림에 이어진 옛 한자를 보고 어떤 뜻인지 생각해 봅시다.

色　　世　　所　　市　　時(时)
食　　植(植)　　室　　安　　語(语)

1단계 한자쓰기

| 빛 색 | sè | 色 빛 색 총6획 | 色色色色色色 |

色

- 白色 백색 生色 생색
- 이 건물 벽은 백색이다.

| 세상, 인간 세 | shì | 一 한 일 총5획 | 世世世世世 |

世

- 世上 세상 世代 세대
- 세상은 넓고도 좁다.

| 바, 곳 소 | suǒ | 戶 *지게문 호 총8획 | 所所所所所所所 |

所

- 場所 장소 所有 소유
- 가면을 쓴 배우가 등장했다.

| **저자(시장) 시 | shì | 巾 수건 건 총5획 | 市市市市市 |

市

- 市民 시민 市內 시내
- 민주 시민으로서의 권리와 의무를 다해야 한다.

| 때 시 | shí | 日 날 일 총10획 | 時時時時時時時時 / 时时时时时时 |

時

- 時代 시대 時事 시사
- 고대 시대의 유물을 발견했다.

*지게: 옛날식 집에서, 마루와 방 사이의 문이나 부엌의 바깥문 **저자: 상품을 팔고 사는 시장의 옛날 말

| 먹을 식 | shí | 食 먹을 식 총9획 | 食食食食食食食食食 |

食 食事 식사 食口 식구 국수로 간단히 식사를 했다.

| 심을 식 | zhí | 木 나무 목 총12획 | 植植植植植植植植植植植植 |

植 植木 식목 植物 식물 4월 5일은 식목일이다.

| 집 실 | shì | 宀 집 면 총9획 | 室室室室室室室室室 |

室 室內 실내 王室 왕실 언니와 실내 수영장에 갔다.

| 편안 안 | ān | 宀 집 면 총6획 | 安安安安安安 |

安 安心 안심 安全 안전 이제 열이 내렸으니, 안심하세요.

| 말씀 어 | yǔ | 言 말씀 언 총14획 | 語語語語語語語語語語語語語語 |

語 國語 국어 語學 어학 국어사전을 펴 보세요.

UNIT 7

2단계 낭송하기

🪰 한자의 뜻과 음을 소리 내어 읽어 보세요.

安 時 植 世 室
市 所 市 語 語 安
食 安 語 色
色 時

🪰 교과서 한자어를 소리 내어 읽어 보세요.

白色　市民　植木　世代
食事　時間　王室
安心　語學　安全　食口
國語　室內　時代
植物
生色　所有

3단계 확인하기

한자의 뜻과 음을 찾아 동그라미 해 보세요.

예									
(나라)	집	대문			國	문	(국)	가	
지구	세상	색깔	고을	언덕	色	읍	파	색	백	녹
장소	인간	지구	세상	고을	世	서	세	사	시	소
도끼	집	가깝다	장소	심다	所	수	바	소	시	식
수건	시장	집	수레	먹다	市	사	시	건	식	실
하늘	때(시간)	사당	집	시장	時	사	시	서	소	수
멈추다	먹다	심다	사람	좋다	食	식	밥	량	인	강
나무	먹다	심다	곧다	가다	植	직	식	목	공	도
참새	집	마을	가면	말씀	室	신	식	실	가	지
집안	힘	여자	형	편안하다	安	언	여	녀	안	나
말하다	수건	자리	나	어머니	語	아	안	언	오	어

4단계 기억하기

🪰 한자에 알맞은 훈음을 써 보세요.

> 예시 韓(韩) ➡ 한국 한

1. 色
2. 世
3. 所
4. 市
5. 時(时)
6. 食
7. 植(植)
8. 室
9. 安
10. 語(语)

🪰 훈음에 알맞은 한자를 써 보세요.

> 예시 한국 한 ➡ 韓 또는 韩

1. 빛 **색**
2. 세상, 인간 **세**
3. 곳, 바 **소**
4. 저자(시장) **시**
5. 때 **시**
6. 먹을 **식**
7. 심을 **식**
8. 집 **실**
9. 편안 **안**
10. 말씀 **어**

54 신나는 한자 6급

UNIT 8

월　　일

그림 속 숨어 있는 옛 한자를 찾아 동그라미 해 봅시다.

午　　位　　有　　育　　邑
衣　　字　　長(长)　　場(场)　　電(电)

1단계 한자쓰기

| 낮 오 | wǔ | 十 열 십　총4획 | 午午午午 |

午　午　午　午　午　午

- 上午 상오　下午 하오
- 상오 10시.

| 자리 위 | wèi | 人 사람 인　총7획 | 位位位位位位位 |

位　位　位　位　位

- 王位 왕위　地位 지위
- 고대 국가에서는 왕위를 세습하는 것이 일반적이었다.

| 있을 유 | yǒu | 月 달 월　총6획 | 有有有有有有 |

有　有　有　有　有

- 有名 유명　有力 유력
- 그는 유명한 가수이다.

| 기를 육 | yù | 肉 고기 육　총8획 | 育育育育育育育育 |

育　育　育　育　育

- 生育 생육　敎育 교육
- 식물의 생육에 적합한 환경을 만들다.

| 고을 읍 | yi | 邑 고을 읍　총7획 | 邑邑邑邑邑邑邑 |

邑　邑　邑　邑　邑

- 邑內 읍내　邑長 읍장
- 읍내에 오일장이 열렸다.

옷 의	yī

衣 옷 의　총6획

- 內衣 내의　衣食 의식
- 날이 추워 속에 내의를 입었다.

글자 자	zì

子 아들 자　총6획

- 文字 문자　漢字 한자
- 고대 문자를 해석하다.

길(길다) 장, 어른, 자랄 장	cháng, zhǎng

長 길 장　총8획

- 長大 장대　市長 시장
- 김 후보가 서울시 시장으로 당선되었다.

마당 장	cháng, chǎng

土 흙 토　총12획

- 場所 장소　登場 등장
- 가면을 쓴 배우가 등장했어요.

번개, 전기 전	diàn

雨 비 우　총13획

- 電氣 전기　家電 가전
- 전기 에너지를 열 에너지로 바꾸는 장치.

UNIT 8

2단계 낭송하기

🪰 한자의 뜻과 음을 소리 내어 읽어 보세요.

電　位　衣　邑　字
有　长　午　电　场
　場　　　育　位
長　有　衣　邑

🪰 교과서 한자어를 소리 내어 읽어 보세요.

教育　文字　方位　衣食

邑內　上午　有名　電力

邑長　內衣　登場　生育

家長　地位　　　電子

　　　下午　場所

3단계 확인하기

한자의 뜻과 음을 찾아 동그라미 해 보세요.

예								
(나라)	집	대문		國	문	(국)	가	

낮	소	밥	마을	있다	午	어	아	우	오	위
시장	가다	자리	서다	고을	位	립	인	유	오	위
있다	먹다	없다	기르다	달	有	유	월	인	오	위
있다	마을	시장	기르다	수건	育	유	육	월	인	위
고을	먹다	색깔	자리	길다	邑	유	육	읍	언	운
수건	시장	옷	글자	마당	衣	유	의	복	인	안
학생	학교	글자	마을	고을	字	학	자	식	제	교
짧다	길다	시장	있다	시장	長	자	장	지	저	정
가다	시장	마당	고을	학교	場	지	자	장	정	종
비	번개(전기)	구름	눈	마당	電	저	자	전	정	설

4단계 기억하기

한자에 알맞은 훈음을 써 보세요.

> 예시 韓(韩) ➡ 한국 한

1. 午
2. 位
3. 有
4. 育
5. 邑
6. 衣
7. 字
8. 長(长)
9. 場(场)
10. 電(电)

훈음에 알맞은 한자를 써 보세요.

> 예시 한국 한 ➡ 韓 또는 韩

1. 낮 **오**
2. 자리 **위**
3. 있을 **유**
4. 기를 **육**
5. 고을 **읍**
6. 옷 **의**
7. 글자 **자**
8. 길(길다) **장**
9. 마당 **장**
10. 번개, 전기 **전**

UNIT 9

월 일

그림에 이어진 옛 한자를 보고 어떤 뜻인지 생각해 봅시다.

全　　前　　正　　祖(祖)　　住
草　　平　　學(学)　　漢(汉)　　韓(韩)

앞 전	qián	刀 칼 도 총9획	前 前 前 前 前 前 前 前

前 / 前 / 前 前 前 前

- 前方 전방   前面 전면
- 안개가 껴서 전방이 잘 안 보인다.

온전할 전	quán	入 들 입 총6획	全 全 全 全 全 全

全 / 全 / 全 全 全 全

- 安全 안전   全面 전면
- 학교에서 안전 교육을 받았다.

바를 정	zhèng	止 그칠 지 총5획	正 正 正 正 正

正 / 正 / 正 正 正 正

- 正道 정도   正門 정문
- 정도를 따르는 것이 가장 좋다.

조상 조	zǔ	示 보일 시 총10획	祖 祖 祖 祖 祖 祖 祖 祖 祖 祖

祖 / 祖 / 祖 祖 祖 祖

- 祖上 조상   祖國 조국
- 조상의 묘를 깨끗이 청소하다.

살(살다) 주	zhù	人 사람 인 총7획	住 住 住 住 住 住 住

住 / 住 / 住 住 住 住

- 住民 주민   住所 주소
- 불이 나자 인근 주민들은 빠르게 대피했다.

| 풀 초 | cǎo | 艹 풀 초 총10획 *간체자는 9획 | 草草草草草草草草草草 |

草

- 草食 초식 草木 초목
- 기린은 초식 동물이다.

| 평평할 평 | píng | 干 방패 간 총5획 | 平平平平平 |

平

- 平生 평생 水平 수평
- 평생 교육 기관을 설립하다.

| 배울 학 | xué | 子 아들 자 총16획 | 學學學學學學學學學學學學學學學學 学学学学学学学学 |

學

- 學生 학생 學年 학년
- 생활이 어려운 학생을 위한 장학금을 지원하다.

| 한수, 한나라 한 중국 한 | Hàn | 水 물 수 총14획 | 漢漢漢漢漢漢漢漢漢漢漢漢漢漢 汉汉汉汉汉 |

漢

- 漢文 한문 漢江 한강
- 이 글은 한문으로 쓰였다.

| 한국 한 | Hán | 韋 가죽 위 총17획 | 韓韓韓韓韓韓韓韓韓韓韓韓韓 韩韩韩韩韩韩韩韩韩 |

韓

- 韓國 한국 韓食 한식
- 우리는 한국 축구대표팀을 응원했다.

UNIT 9

2단계 낭송하기

🌿 한자의 뜻과 음을 소리 내어 읽어 보세요.

漢 正 前 草 平
平 韓 韩 学 前
住 全 汉 全
祖 學 正

🌿 교과서 한자어를 소리 내어 읽어 보세요.

前方　全面　祖上　住民
正門　學校　韓國
草食　平生　漢字　平安
正道　漢江　學問
住所　草木　前面

3단계 확인하기

배운 한자를 확인해 볼까요?

한자의 뜻과 음을 찾아 동그라미 해 보세요.

예
| 나라 | 집 | 대문 | 國 | 문 | 국 | 가 |

온전하다	달	가다	앞	옆	全	뒤	배	후	전	앞
온전하다	앞	옆	풀	끝나다	前	잔	전	후	금	옥
가다	바르다	오다	옆	꽃	正	전	저	자	정	장
동생	할아버지	엄마	형	물	祖	조	시	자	부	직
주인	살다	바르다	풀	가다	住	시	소	주	중	왕
풀	이르다	꽃	합하다	오늘	草	시	초	조	달	사
평평하다	꽃	물	풀	오다	平	평	조	부	편	양
배우다	학생	학교	중국	물	學	교	학	한	장	자
한나라	한국	미국	학교	바다	漢	조	해	한	교	만
중국	한국	미국	물	아침	韓	교	학	한	자	정

4단계 기억하기

한자에 알맞은 훈음을 써 보세요.

예시 韓(韩) ➡ 한국 한

1. 前
2. 全
3. 正
4. 祖(祖)
5. 住
6. 草
7. 平
8. 學(学)
9. 漢(汉)
10. 韓(韩)

훈음에 알맞은 한자를 써 보세요.

예시 한국 한 ➡ 韓 또는 韩

1. 앞 전
2. 온전할 전
3. 바를 정
4. 조상, 할아비 조
5. 살 주
6. 풀 초
7. 평평할 평
8. 배울 학
9. 한수, 한나라 한
10. 한국 한

UNIT 10

월 일

그림에 이어진 옛 한자를 보고 어떤 뜻인지 생각해 봅시다.

合　　海　　向　　頁(页)
好　　孝　　後(后)　　休

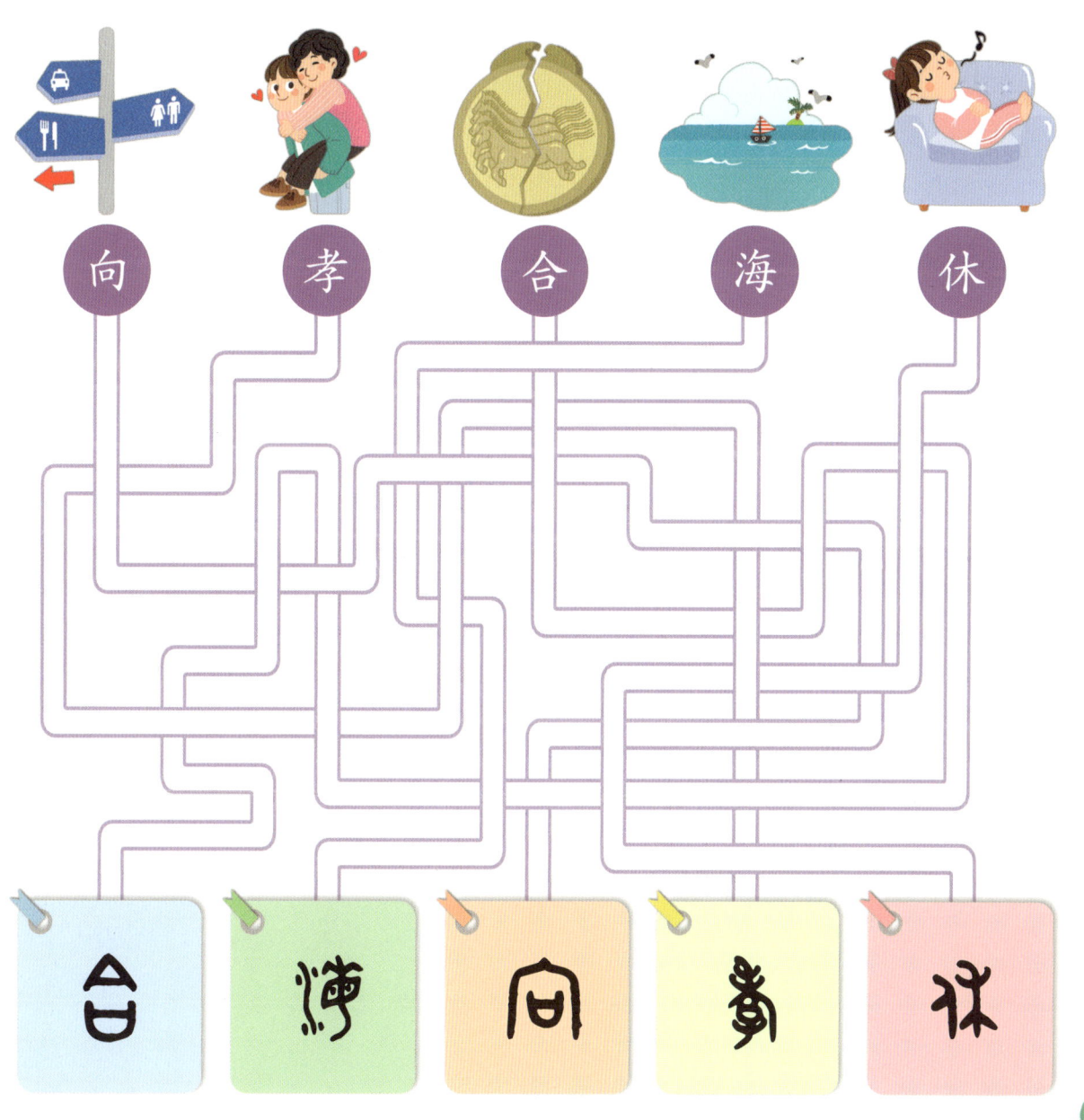

1단계 한자쓰기

| 합할 **합** | hé | 口 입구 총6획 | 合合合合合合 |

合

- 合同 합동 合心 합심
- 피해지역에 **합동** 구조대를 파견하였다.

| 바다 **해** | hǎi | 水 물수 총10획 | 海海海海海海海海海海 |

海

- 海外 해외 海上 해상
- **해외** 동포를 위해 공연을 열다.

| 향할 **향** | xiàng | 口 입구 총6획 | 向向向向向向 |

向

- 方向 방향 向上 향상
- 동쪽 **방향**에서 거센 바람이 불었다.

| 머리 **혈** | yè | 頁 머리혈 총9획 | 頁頁頁頁頁頁頁頁頁頁頁頁頁頁 |

頁

| 좋을, 좋아할 **호** | hǎo, hào | 女 여자녀 총6획 | 好好好好好好 |

好

- 好事 호사 好人 호인
- 최 씨네 집에 **호사**가 생겼다.

| 선생님 확인 | 부모님 확인 |

| 효도 **효** | xiào | 子 아들 자 총7획 | 孝孝孝孝孝孝孝 |

孝

- 孝道 효도   孝子 효자
- 우애와 효도를 강조하다.

| 뒤 **후** | hòu | 彳 조금 걸을 척 총9획 | 後後後後後後後後後 后后后后后后 |

後 / 后

- 前後 전후   後食 후식
- 장군에게 전후 상황을 잘 설명했다.

| 쉴 **휴** | xiū | 亻 사람 인 총6획 | 休休休什休休 |

休

- 休日 휴일   休校 휴교
- 5월 5일을 휴일로 정하다.

| 의문조사 **마** | ma | 口 입 구 총6획 | 吗吗吗吗吗吗 |

吗

- 你好吗? [안녕하십니까?]
- '吗'는 '…까?' '…했지요?'라고 질문할 때 사용합니다.

| 무리 **문** | men | 亻 사람 인 총5획 | 们们们们们 |

们

- 你们 [너희들, 당신들]
- '们'은 '…들'이라는 뜻으로 여럿을 나타낼 때 사용합니다.

※ '你, 们, 吗'는 우리나라에서보다 중국에서 더 많이 사용하는 한자예요. 이런 한자도 미리 알아두면 중국어 공부할 때 훨씬 쉽겠지요?

2단계 낭송하기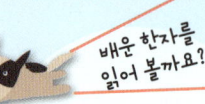

🪰 한자의 뜻과 음을 소리 내어 읽어 보세요.

休 后 海 孝 後
頁 向 好 漢 海
孝 休 頁 向
合 饭

🪰 교과서 한자어를 소리 내어 읽어 보세요.

合同　休日　海水　孝子
　向上　　　好人　海上
後面　休校　前後　合心　合同
　　方向　休學　　　後食
　　　　海外　下向

3단계 확인하기

한자의 뜻과 음을 찾아 동그라미 해 보세요.

예

| (나라) 집 대문 | 國 | 문 (국) 가 |

| 합하다 이제 돌 산 오다 | 合 | 합 장 가 교 한 |

| 육지 바다 산 매일 어머니 | 海 | 조 해 향 모 매 |

| 오늘 향하다 뒤 육지 바다 | 向 | 조 해 향 훈 하 |

| 머리 스스로 길 얼굴 손 | 頁 | 혈 해 향 할 지 |

| 딸 안다 엄마 좋아하다 아들 | 好 | 하 허 후 호 자 |

| 늙다 얼굴 효도 땅 아들 | 孝 | 혈 해 향 효 지 |

| 앞 옆 작다 아들 뒤 | 後 | 호 후 휴 자 급 |

| 오다 쉬다 나무 오늘 자다 | 休 | 후 목 인 휴 자 |

4단계 기억하기

배운 한자를 기억해 볼까요?

🦟 한자에 알맞은 훈음을 써 보세요.

> 예시 韓(韩) ➡ 한국 한

1. 合
2. 海
3. 向
4. 頁(页)
5. 好
6. 孝
7. 後(后)
8. 休
9. *吗
10. *们

🦟 훈음에 알맞은 한자를 써 보세요.

> 예시 한국 한 ➡ 韓 또는 韩

1. 합할 **합**
2. 바다 **해**
3. 향할 **향**
4. 머리 **혈**
5. 좋을 **호**
6. 효도 **효**
7. 뒤 **후**
8. 쉴 **휴**
9. *의문조사 **마**
10. *무리 **문**

교과서 한자어 참뜻 알기

한자어	독음	뜻
家門	가문	집안과 문중 대대로 내려오는 그 집안의 신분
家出	가출	집에서 나가 돌아오지 않음
歌手	가수	노래 부르는 것이 직업인 사람
國歌	국가	나라를 대표하고 상징하는 노래
間食	간식	끼니와 끼니 사이에 먹는 음식
空間	공간	아무것도 없는 빈 곳
人間	인간	사람
人力車	인력거	사람이 끄는, 바퀴가 두 개 달린 수레
馬車	마차	말이 끄는 수레
手巾	수건	얼굴, 몸 등을 닦기 위한 천 조각. 타월
古物	고물	옛 물건. 헐거나 낡은 물건
中古	중고	이미 사용하였거나 오래됨
空氣	공기	지구를 둘러싼 대기의 하층부를 구성하는 무색, 무취의 투명한 기체
空中	공중	하늘과 땅 사이의 빈 곳
學校	학교	일정한 목적, 교과 과정, 설비, 제도 및 법규에 의하여 교사가 계속적으로 학생에게 교육을 실시하는 기관
校長	교장	학교의 장
敎室	교실	학습 활동이 이루어지는 방
敎育	교육	개인의 능력을 키우기 위하여 지식과 기술 등을 가르치며 인격을 길러 줌
敎學	교학	가르치는 일과 배우는 일
國立	국립	공공의 이익을 위하여 나라의 예산으로 세우고 관리함

한자어	독음	뜻
外國	외국	자기 나라가 아닌 다른 나라
軍人	군인	무기를 다루고 일정한 규율을 지키는 등의 훈련을 받고 군에 속하여 있는 사람
軍事	군사	군대, 국방, 전쟁 등에 관한 일
記事	기사	신문이나 잡지에서 어떤 사실에 대하여 알리는 글
日記	일기	날마다 겪은 일이나 느낌을 적은 개인의 글
氣分	기분	마음에 저절로 느껴지는 즐거움이나 슬픔, 우울함 등의 감정
人氣	인기	어떤 대상에 쏠리는 많은 사람들의 높은 관심이나 좋아하는 기운
今方	금방	이제 방금. 조금 뒤에 곧
古今	고금	옛날과 지금
農事	농사	논밭을 갈아 쌀, 채소, 과일 등을 심어 가꾸고 거두는 일
農夫	농부	농사짓는 일을 직업으로 하는 사람
農場	농장	농사짓기 위한 땅과 농기구, 가축, 노동력을 가지고 농업을 경영하는 곳
正答	정답	옳은 답
名答	명답	질문에 꼭 알맞은 답
代入	대입	어떤 것을 대신하여 다른 것을 넣음
古代	고대	옛 시대
水道	수도	1. 물길. 뱃길 2. 수돗물을 받아 쓸 수 있게 만든 시설
王道	왕도	1. 임금이 마땅히 지켜야 할 일 2. 어떤 어려운 일을 하기 쉬운 방법
同一	동일	서로 똑 같음
同時	동시	같은 때나 시기

한자어	독음	뜻
洞內	동내	동네 안
洞口	동구	동네 어귀
登山	등산	운동, 놀이, 탐험 등을 위해 산에 오름
登場	등장	사람이 연단이나 무대에 나타나는 것
來日	내일	1. 오늘 바로 다음 날 2. 다가올 앞날
來韓	내한	외국인이 한국에 오는 것
外來	외래	밖에서 옴
老人	노인	나이가 많이 든 늙은 사람
老少	노소	늙은이와 젊은이
里長	이장	마을의 일을 맡아보는 사람
洞里	동리	마을. 주로 시골에서, 여러 집이 모여 사는 곳
萬里	만리	아주 먼 거리
萬事	만사	많은 일. 온갖 일
萬一	만일	있을지도 모르는 뜻밖의 경우
千萬	천만	1. 만의 천 배 2. 비길 데 없음
末年	말년	어떤 시기의 마지막 무렵
末世	말세	정치, 도덕, 풍속 등이 아주 쇠퇴하여 끝판이 다 된 세상
每日	매일	그날그날. 하루하루. 날마다
每事	매사	1. 일마다. 2. 하나하나의 모든 일
面目	면목	1. 얼굴의 생김새 2. 남을 대하는 낯
前面	전면	앞쪽

한자어	독음	뜻
文字	문자	1. 말의 소리나 뜻을 볼 수 있도록 적기 위한 체계적인 부호 2. 예전부터 전해 내려오는 어려운 문구
問答	문답	물음과 대답
問安	문안	웃어른께 안부를 여쭘
萬物	만물	세상에 있는 모든 물건
文物	문물	학문·예술·종교·법률 등 사람이 만들어낸 모든 문화적 산물
民主	민주	주권이 국민에게 있음
國民	국민	국가를 구성하는 사람
方道	방도	어떤 일을 해나갈 방법
四方	사방	동서남북의 네 방위
地方	지방	1. 어느 한 방면의 땅 2. 서울 밖의 지역
本末	본말	일의 처음과 끝
本文	본문	글의 주요내용을 이루는 부분
夫人	부인	남의 아내를 높이는 말
工夫	공부	학문이나 기술을 배우고 익힘
分立	분립	갈라져서 따로 섬
本分	본분	사람이 마땅히 지켜야 할 도리나 기본 의무
不安	불안	마음이 편하지 않음
不平	불평	마음에 들지 아니하여 못마땅하게 여김
不足	부족	넉넉하지 못함
士氣	사기	의욕이나 자신감 따위로 충만하여 굽힐 줄 모르는 기세
士大夫	사대부	벼슬이나 문벌이 높은 집안의 사람

한자어	독음	뜻
事後	사후	일이 끝난 뒤
事大	사대	작은 나라가 큰 나라를 섬김
人事	인사	1.사람이 하는 일 2.만나거나 헤어질 때에 하는 말이나 행동
生色	생색	다른 사람 앞에 나서서 자신을 치켜세우는 일
名色	명색	실속 없이 그럴듯하게 불리는 허울만 좋은 이름
世上	세상	1.사람이 살고 있는 모든 사회 2.모든 사람과 사물이 있는 지구
世代	세대	1.어린아이가 성장하여 부모 일을 계승할 때까지의 약 30년 정도 되는 기간 2.같은 시대에 사는, 비슷한 나이 층의 사람 전체
場所	장소	무엇이 있거나 어떤 일이 이루어지거나 일어나는 곳
所有	소유	가지고 있음
山所	산소	뫼. 사람의 무덤
市民	시민	1.그 시에 사는 사람 2.나라의 정치에 참여할 수 있는 권리를 가진 사람
市場	시장	여러 가지 상품을 사고파는 일정한 장소
時事	시사	그 당시에 생긴 여러 가지 세상 일
時間	시간	1.어떤 시각과 시각의 사이 2.어떤 행동을 할 틈
食口	식구	한집에 살면서 끼니를 함께하는 사람
食後	식후	밥을 먹은 뒤
外食	외식	밖에서 음식을 사 먹음
衣食住	의식주	인간 생활의 세 가지 기본 요소인 옷과 음식과 집
植木	식목	나무를 심음
植物	식물	나무와 풀과 같이 한곳에 고정하여, 공기·흙·물에서 영양분을 섭취하여 살아가는 생물
室內	실내	방이나 건물 등의 안
入室	입실	방이나 교실 등에 들어감
安心	안심	모든 걱정을 떨쳐 버리고 마음을 편히 가짐
安全	안전	위험이나 사고가 날 염려가 없음
國語	국어	국민 전체가 쓰는 그 나라의 고유한 말
語學	어학	1.언어를 연구하는 학문 2.외국어를 배우는 일
午前	오전	자정부터 낮 열두 시까지의 시간
午後	오후	정오부터 밤 열두 시까지의 시간
王位	왕위	임금의 자리
地位	지위	1.있는 자리 2.사회적으로 차지하는 신분의 높낮이 또는 수준
有名	유명	이름이 널리 알려져 있음
有力	유력	1.힘(세력이나 재산)이 있음 2.가능성이 많음
生育	생육	낳아서 기름 또는 나서 자람
衣食	의식	옷과 먹을거리
上衣	상의	윗옷
長文	장문	아주 긴 글
家長	가장	1.집안의 어른 2.한 가정을 이끌어 가는 사람
場面	장면	1.어떠한 장소의 겉으로 드러난 면 2.영화·연극·문학 작품 등의 한 광경
工場	공장	원료나 재료를 가공하여 물건을 만들어 내는 설비를 갖춘 곳

한자어	독음	뜻
入場	입장	큰 회의나 행사가 치러지는 장소 안으로 들어가는 것
立場	입장	처하여 있는 상황이나 형편
全力	전력	모든 힘. 온 힘
萬全	만전	조금도 허술함 없이 아주 완전하거나 안전함
電氣	전기	1.전자의 이동으로 생기는 에너지 2.물체의 마찰에서 일어나는 현상
正道	정도	올바른 길
正字	정자	1.바르고 또박또박 쓴 글자 2.점이나 획을 생략하거나 변경 하지 않은 글자
方正	방정	1.네모지고 반듯함 2.행동이 바르고 점잖음
祖上	조상	1.돌아간 어버이 위로 대대의 어른 2.자기 세대 이전의 모든 세대
先祖	선조	먼 윗대의 조상
住民	주민	일정한 지역에 살고 있는 사람
住所	주소	사람이 살고 있는 곳이나 회사 등이 자리 잡고 있는 곳
中間	중간	1.두 사물의 사이 2.어떤 일이 아직 끝나지 않은 때나 장소
草食	초식	주로 풀이나 푸성귀만 먹고 삶
草木	초목	풀과 나무
水草	수초	물속이나 물가에 자라는 풀
平生	평생	세상에 태어나서 죽을 때까지의 동안
水平	수평	기울지 않고 평평한 상태
學年	학년	일 년간의 학습 과정의 단위
學問	학문	어떤 분야를 체계적으로 배워서 익힘

한자어	독음	뜻
學生	학생	학교에 다니면서 공부하는 사람
漢江	한강	한국의 중부를 흐르는 강
漢字	한자	중국의 글자
韓國	한국	대한민국
韓食	한식	우리나라 고유의 음식이나 식사
合同	합동	둘 이상의 조직이나 개인이 모여 행동이나 일을 함께함
合心	합심	여러 사람이 마음을 한데 합함
海上	해상	바다 위
海外	해외	1.바다의 밖 2.바다를 사이에 둔 딴 나라
向上	향상	수준이나 실력·기술 등이 나아짐
方向	방향	1.향하는 쪽 2.뜻이나 일, 현상 등이 나아가는 곳
好事	호사	좋은 일
好人	호인	성품이 좋은 사람
好衣好食	호의호식	좋은 옷을 입고 좋은 음식을 먹음
孝道	효도	부모를 정성껏 섬기는 일
孝心	효심	효성스러운 마음
後記	후기	본문 뒤에 덧붙여 쓴 글
後世	후세	다음에 오는 세상. 또는 다음 세대의 사람들
前後	전후	앞과 뒤
休校	휴교	학교의 수업과 업무를 한동안 쉼
休日	휴일	일을 하지 않고 쉬는 날
休學	휴학	일정 기간 학교에 다니지 않고 쉬는 것

사자성어(四字成語) 알기

사자성어	독음	뜻
南男北女	남남북녀	우리나라에서, 남자는 남쪽 지방 사람이 잘나고 여자는 북쪽 지방 사람이 고움을 이르는 말
男女老少	남녀노소	남자와 여자, 늙은이와 젊은이란 뜻으로, 모든 사람을 이르는 말
東問西答	동문서답	물음과는 전혀 상관없는 엉뚱한 대답
東西古今	동서고금	동양과 서양, 옛날과 지금을 통틀어 이르는 말
東西南北	동서남북	동쪽·서쪽·남쪽·북쪽이라는 뜻으로, 모든 방향을 이르는 말
同姓同本	동성동본	성과 본관이 모두 같음
名山大川	명산대천	이름난 산과 큰 내
不立文字	불립문자	불도의 깨달음은 마음에서 마음으로 전하는 것이므로 말이나 글에 의지하지 않는다는 말
父母兄弟	부모형제	아버지와 어머니, 형과 아우를 아울러 이르는 말
四方八方	사방팔방	여기저기 모든 방향이나 방면
山川草木	산천초목	산과 시내, 풀과 나무. 모든 자연
三三五五	삼삼오오	서너 사람 또는 대여섯 사람이 떼를 지어 다니거나 무슨 일을 함
三日天下	삼일천하	정권을 잡았다가 짧은 기간 내에 밀려나게 됨을 이르는 말
上下左右	상하좌우	위와 아래, 왼쪽과 오른쪽을 아울러 이르는 말
生年月日	생년월일	태어난 해와 달과 날
世上萬事	세상만사	세상에서 생기는 온갖 일
一人天下	일인천하	한 사람이 온 세상을 지배함
自問自答	자문자답	스스로 묻고 스스로 대답함
全心全力	전심전력	온 마음과 온 힘
前後左右	전후좌우	앞과 뒤, 왼쪽과 오른쪽. 곧, 사방을 이름
天上天下	천상천하	하늘 위와 하늘 아래라는 뜻으로, 온 세상을 이르는 말
靑天白日	청천백일	하늘이 맑게 갠 대낮

뜻이 반대되는 한자(反意字반의자) 알기

1. 古 ↔ 今 / 예 고 — 이제 금
2. 空 ↔ 有 / 빌 공 — 있을 유
3. 空 ↔ 海 / 하늘 공 — 바다 해
4. 敎 ↔ 學 / 가르칠 교 — 배울 학
5. 老 ↔ 少 / 늙을 로 — 젊을 소
6. 問 ↔ 答 / 물을 문 — 대답 답
7. 物 ↔ 心 / 물건 물 — 마음 심
8. 民 ↔ 主 / 백성 민 — 임금 주
9. 民 ↔ 王 / 백성 민 — 임금 왕
10. 本 ↔ 末 / 근본 본 — 끝 말
11. 分 ↔ 合 / 나눌 분 — 합할 합
12. 士 ↔ 民 / 선비 사 — 백성 민
13. 先 ↔ 後 / 먼저 선 — 뒤 후
14. 前 ↔ 後 / 앞 전 — 뒤 후

뜻이 비슷한 한자(類意字유의자) 알기

① 家 = 室
집 가 / 집 실

② 洞 = 里
골 동 / 마을 리

③ 同 = 一
한가지 동 / 한 일

④ 世 = 代
세대 세 / 세대 대

⑤ 市 = 邑
저자 시 / 고을 읍

⑥ 土 = 地
흙 토 / 땅 지

간체자(简体字) 알기

❶ 车 = 車
chē　수레 거(차)

❷ 记 = 記
jì　기록할 기

❸ 军 = 軍
jūn　군사 군

❹ 电 = 電
diàn　번개 전

❺ 门 = 門
mén　문 문

❻ 气 = 氣
qì　기운 기

❼ 们 = 們
men　들, 무리 문

❽ 万 = 萬
wàn　일만 만

❾ 问 = 問
wèn　물을 문

❿ 国 = 國
guó　나라 국

⓫ 间 = 間
jiān　사이 간

⓬ 教 = 敎
jiào, jiāo　가르칠 교

⓭ 语 = 語
yǔ　말씀 어

⓮ 学 = 學
xué　배울 학

⑮ 韩 = 韓 hán / 한국 한	⑯ 农 = 農 nóng / 농사 농
⑰ 场 = 場 cháng, chǎng / 마당 장	⑱ 汉 = 漢 hàn / 한수, 중국 한
⑲ 内 = 內 nèi / 안 내	⑳ 时 = 時 shí / 때 시
㉑ 植 = 植 zhí / 심을 식	㉒ 长 = 長 cháng, zhǎng / 긴 장
㉓ 页 = 頁 yè / 머리 혈	㉔ 来 = 來 lái / 올 래
㉕ 后 = 後 hòu / 뒤 후	㉖ 马 = 馬 mǎ / 말 마
㉗ 鱼 = 魚 yú / 고기 어	㉘ 吗 = 嗎 ma / 의문조사 마
㉙ 青 = 青 qīng / 푸를 청	㉚ 东 = 東 dōng / 동녘 동

한자 터잡기 부록

나라마다 모양이 다른 한자 **번체자와 간체자**

한 가지의 일로 두 가지의 이익을 보는 것을 '일거양득'이라고 합니다.
일거양득을 한자로 쓸 때,

한국에서는 一擧兩得, 중국에서는 一举两得으로 쓰지요.
　　　　　　　일　거　양　득

이처럼 한자에는 같은 뜻을 나타내지만 나라마다 모양이 조금씩 다른 것이 있어요.

지금, 중국에서는 옛날부터 사용해온 복잡하고 번거로운 한자인 번체자를 대신하여 글자의 획을 간단하게 줄여서 쓴 간체자를 사용하고 있답니다.
우리도 이제, 한자를 공부할 때 이렇게 모양이 다른 간체자까지 함께 배우면 어렵고 멀게만 느껴지던 중국어가 쉬워지겠지요.
이것이 바로, 도랑 치고 가재 잡고, 일석이조, 일거양득이지요.
그럼, 번체자와 간체자가 어떻게 다른지 살펴볼까요?

	한(하나) 일	들(들다) 거	두(둘) 량	얻을(얻다) 득
한국식 한자 (번체자)	一	擧	兩	得
중국식 한자 (간체자)	一	举	两	得
일본식 한자 (약자)	一	拳	両	得

한자 실력을 단단하게!

한자 다지기

UNIT 3 ~ UNIT 10

-참뜻 익히기

-쓰임 익히기

-독음 익히기

사자성어 익히기

반의자 • 유의자 익히기

간체자 익히기

정답

HNK 6급
汉字能力考试

UNIT 3 참뜻 익히기

다음 뜻에 해당하는 한자어를 <보기>에서 골라 한자로 쓰세요.

보기 ① 國歌 ② 家門 ③ 歌手 ④ 間食 ⑤ 中間

01 집안과 문중.

02 노래 부르는 것을 직업으로 삼는 사람.

03 아침·점심·저녁의 사이에 먹는 음식.

04 나라를 상징하는 노래.

05 두 사물의 가운데나 그 사이.

보기 ⑥ 王國 ⑦ 人力車 ⑧ 車道 ⑨ 馬車 ⑩ 敎室

06 사람의 힘으로 직접 끄는 수레.

07 교육이 이루어지는 방.

08 임금이 다스리는 나라.

09 차가 다니는 길.

10 말이 끄는 수레.

쓰임 익히기

밑줄 친 부분을 한자로 바르게 쓴 것을 〈보기〉에서 골라 한자로 쓰세요.

> 보기   ① 家門   ② 馬車   ③ 空間   ④ 人間   ⑤ 手巾

01 우리 집안은 대대로 나라의 중요한 일을 맡아 보았던 훌륭한 **가문**이란다.

02 꽃과 액자로 휴식 **공간**을 꾸몄습니다.

03 지구에는 **인간**과 다양한 생물이 살고 있습니다.

04 자동차의 모습은 **마차**와 비슷하였습니다.

05 물에 적신 **수건**으로 열을 식혔습니다.

> 보기   ⑥ 國立   ⑦ 王國   ⑧ 敎育   ⑨ 學校   ⑩ 中古

06 운동장에서 여러 가지 **교육** 행사가 열렸습니다.

07 외딴 섬에서 고대 **왕국**의 유물이 발견되었습니다.

08 이것은 **중고** 시장에서 구입한 것입니다.

09 **학교** 주위에서 볼 수 있는 것을 묘사해 봅시다.

10 어제는 **국립** 민속 박물관에서 수업했습니다.

한자 다지기 85

독음 익히기

 다음 한자어의 독음을 쓰세요.

 간체자까지 알면 中國語가 쉬워집니다. 중국어

01 家門의 영광.

02 소년 소녀 家長.

03 한류 歌手.

04 間食으로 떡을 먹다.

05 古代의 유물.

06 낡은 古物 자동차.

07 空間을 넓히다.

08 空軍사관학교.

09 맑은 空氣.

10 空中에 떠다니는 기분이야.

11 시험 工夫를 하다.

12 우리 敎室은 3층에 있다.

13 敎育을 받다.

14 校歌를 합창하다.

15 校內 웅변대회.

16 校門을 들어서다.

17 고등학교 校長.

18 복지 國家.

19 國歌를 연주하다.

20 國立 대학교.

UNIT 4 참뜻 익히기

 다음 뜻에 해당하는 한자어를 <보기>에서 골라 한자로 쓰세요.

보기 ① 日記   ② 記事   ③ 軍人   ④ 空軍   ⑤ 人道

01 하늘을 지키는 군대.

02 군대에서 복무하는 사람.

03 사실을 적음. 또는 그 글.

04 하루동안 겪은 일 등을 적은 것.

05 사람들이 다니는 길.

보기 ⑥ 正答   ⑦ 古今   ⑧ 農民   ⑨ 年代   ⑩ 農家

06 옛날과 지금.

07 농업을 생업으로 삼는 사람의 집.

08 지나간 시간을 햇수 단위로 나눈 것.

09 농업에 종사하는 사람들.

10 옳은 답. 맞는 답.

쓰임 익히기

 밑줄 친 부분을 한자로 바르게 쓴 것을 <보기>에서 골라 한자로 쓰세요.

> 보기   ① 氣分   ② 古今   ③ 空軍   ④ 記事   ⑤ 農家

01 이 책은 <u>고금</u>의 명문을 골라 모아놓은 것입니다.

02 신문 <u>기사</u>에서 직업과 관련된 내용을 모았습니다.

03 민기는 <u>기분</u>이 나빠졌습니다.

04 우리의 <u>공군</u>이 하늘을 지키고 있습니다.

05 기계의 발달로 <u>농가</u> 소득이 늘어났습니다.

> 보기   ⑥ 人道   ⑦ 古代   ⑧ 正答   ⑨ 今年   ⑩ 日記

06 민기는 10분만에 <u>정답</u>을 제출했습니다.

07 <u>고대</u> 로마에서는 소금이 매우 귀했습니다.

08 자전거는 <u>인도</u>로 다니면 안 됩니다.

09 오늘 있었던 일을 되새기며 <u>일기</u>를 써 봅시다.

10 <u>금년</u> 수확은 작년보다 낫습니다.

독음 익히기

 다음 한자어의 독음을 쓰세요.

> **예시** 간체자까지 알면 中國語가 쉬워집니다. 중국어

01 투철한 軍人 정신.

02 今年 여름방학.

03 今方 구워 낸 빵.

04 金色 은색 골판지.

05 氣分이 좋다.

06 記事를 쓰다.

07 來年에 초등학교에 입학해요.

08 來日의 날씨.

09 內心 기뻐하다.

10 원고지 200자 內外로 쓰시오.

11 老人을 공경하다.

12 老後를 대비하여 저축하다.

13 쌀을 생산하는 農民.

14 農夫에겐 땅이 생명이다.

15 그는 자식 農事를 잘 지었다.

16 주말 農場.

17 農地를 빌려주다.

18 끝없이 펼쳐진 大地.

19 大學에 들어가다.

20 초록은 同色이다.

UNIT 5 참뜻 익히기

보기 ① 登山 ② 萬一 ③ 洞口 ④ 來年 ⑤ 來日

01 동네 어귀.

02 산에 오름.

03 올해의 다음 해.

04 오늘의 바로 다음 날.

05 만 가운데 하나.

보기 ⑥ 老人 ⑦ 每日 ⑧ 文字 ⑨ 年末 ⑩ 本來

06 한 해의 마지막 무렵.

07 본디부터 있어 옴.

08 말을 글로 적기 위한 시각적인 부호.

09 날마다.

10 늙은 사람.

쓰임 익히기

 밑줄 친 부분을 한자로 바르게 쓴 것을 <보기>에서 골라 한자로 쓰세요.

> 보기 ① 來日   ② 天文   ③ 老人   ④ 同生   ⑤ 登校

01 세종대왕은 농민들을 위해 <u>천문</u>기기를 만들었다.

02 놀부는 <u>동생</u> 흥부가 부자가 되었다는 소문을 들었습니다.

03 <u>등교</u> 후 허락 없이 밖으로 나가지 말아야 한다.

04 <u>내일</u> 날씨는 어떨까?

05 어떤 <u>노인</u>이 그 소년에게 소머리 모양의 탈을 주었다.

> 보기 ⑥ 全面   ⑦ 每年   ⑧ 千萬   ⑨ 文字   ⑩ 年末

06 네가 늦게 온 것이 오히려 <u>천만</u> 다행이구나.

07 이 건물은 올 <u>연말</u>에 완성된다.

08 대학은 <u>매년</u> 등록금을 인상한다.

09 건물의 <u>전면</u>에 간판이 걸려 있다.

10 한글은 우리나라 고유의 <u>문자</u>이다.

독음 익히기

 다음 한자어의 독음을 쓰세요.

> **예시** 간체자까지 알면 中國語가 쉬워집니다. 중국어

01 한 동네의 우두머리는 洞長.

02 東海에 솟아오른 해.

03 빛은 東方으로부터.

04 登校 시간.

05 주인공이 登場하다.

06 登山 지팡이.

07 萬物 박사.

08 萬事가 다 귀찮다.

09 萬一 비가 오면.

10 末年에 그린 작품.

11 每年 한 번.

12 每日 하는 공부.

13 面目이 서지 않다.

14 알아야 面長을 하지.

15 당대의 名文.

16 名門 대학 출신.

17 관광의 名所.

18 김치의 名人.

19 母校에 장학금을 기부하다.

20 고대 文字를 연구하다.

UNIT 6 참뜻 익히기

 다음 뜻에 해당하는 한자어를 <보기>에서 골라 한자로 쓰세요.

> 보기   ① 民主   ② 問答   ③ 本末   ④ 分立   ⑤ 不安

01 마음이 편하지 아니함.

02 주권이 국민에게 있음.

03 갈라져서 따로 섬. 따로 나누어서 세움.

04 물음과 대답.

05 사물이나 일의 처음과 끝.

> 보기   ⑥ 事大   ⑦ 國民   ⑧ 不足   ⑨ 學問   ⑩ 農夫

06 농사에 종사하는 사람.

07 국가를 구성하는 사람들.

08 필요한 양에 미치지 못해 충분하지 아니함.

09 약자가 강자를 섬김.

10 배우고 물어서 익힘.

쓰임 익히기

 밑줄 친 부분을 한자로 바르게 쓴 것을 <보기>에서 골라 한자로 쓰세요.

보기 ① 本文 ② 事物 ③ 農夫 ④ 問安 ⑤ 萬物

01 이 동화는 <u>사물</u>을 의인화한 작품이다.

02 할아버지께 <u>문안</u> 인사를 드렸다.

03 <u>본문</u>의 내용을 요약해서 말해 봅시다.

04 <u>농부</u>가 밭에서 김을 매고 있다.

05 인간은 <u>만물</u>의 영장(靈長)이다.

보기 ⑥ 事大 ⑦ 士氣 ⑧ 國民 ⑨ 不足 ⑩ 不安

06 <u>국민</u>의 안전을 위해 법을 제정하였다.

07 선수들의 <u>사기</u>가 하늘을 찌를 듯하다.

08 시간이 턱없이 <u>부족</u>하다.

09 청나라는 조선에게 <u>사대</u>의 예를 갖추라고 요구했다.

10 영희는 <u>불안</u>에 싸여 오들오들 떨었다.

독음 익히기

 다음 한자어의 독음을 쓰세요.

> 예시 간체자까지 알면 **中國語**가 쉬워집니다. 중국어

01 **問答**을 주고받다.

02 **問安** 편지를 보내다.

03 **民主**주의를 실현하다.

04 **方向**을 바꾸다.

05 나라 잃은 **百姓**.

06 **父母**에게 효도하다.

07 자신감 **不足**.

08 **不安**을 느끼다.

09 **不平**을 늘어놓다.

10 어버이에게 **不孝**하다.

11 **事物**의 밝은 면을 보다.

12 **四方**이 산으로 둘러싸여 있다.

13 사고를 **事前**에 예방하다.

14 **山所**를 찾아 성묘하다.

15 **三寸**께서 오시다.

16 서울 **上空**에 다다르다.

17 식물의 **生育** 기간.

18 **先祖**의 뜻을 받들다.

19 **先天**적으로 타고나다.

20 **姓名**을 부르다.

UNIT 7 참뜻 익히기

 다음 뜻에 해당하는 한자어를 <보기>에서 골라 한자로 쓰세요.

보기 ① 同時   ② 語學   ③ 白色   ④ 外來語   ⑤ 植木

01 흰 빛깔.

02 같은 때나 시기.

03 나무를 심음.

04 언어를 연구하는 학문.

05 외국에서 들어와 국어처럼 쓰이는 말.

보기 ⑥ 所有   ⑦ 時間   ⑧ 室內   ⑨ 市內   ⑩ 市民

06 도시의 안. 또는 시의 구역 안.

07 어떤 시각에서 어떤 시각까지의 사이.

08 가지고 있음.

09 어떤 시(市)에 사는 사람.

10 방, 집이나 건물 따위의 안.

쓰임 익히기

 밑줄 친 부분을 한자로 바르게 쓴 것을 <보기>에서 골라 한자로 쓰세요.

보기   ① 市內   ② 世代   ③ 植民地   ④ 場所   ⑤ 同時

01 우리는 아버지 세대와 생각이 다르다.

02 이 버스는 시내를 순환 운행한다.

03 둘은 동시에 정답을 외쳤다.

04 강대국은 식민지를 개척하는 데 혈안이 되어 있었다.

05 6시까지 약속 장소로 모이세요.

보기   ⑥ 時事   ⑦ 外國語   ⑧ 植木日   ⑨ 植物   ⑩ 食口

06 다섯 개 외국어를 자유자재로 구사하다.

07 오빠는 우리 다섯 식구의 가장이다.

08 우리는 시사 문제에 대해 토론했다.

09 4월 5일은 식목일이다.

10 흙으로 식물의 뿌리를 덮어주어야 한다.

독음 익히기

 다음 한자어의 독음을 쓰세요.

 간체자까지 알면 中國語가 쉬워집니다. 중국어

01 넓은 世上을 구경하다.

02 世代 차를 느끼다.

03 小食을 하다.

04 왕실 所有의 땅.

05 생활 手記.

06 水道를 놓다.

07 水平으로 이동하다.

08 時間은 돈이다.

09 우주 時代.

10 市長 선거.

11 농산물 市場.

12 食水를 공급하다.

13 室內 온도.

14 心中을 털어놓다.

15 교통 安全.

16 年老하신 부모님.

17 午前 근무.

18 석유 王國.

19 外國에 있는 친구.

20 진실을 外面하다.

UNIT 8 참뜻 익히기

 다음 뜻에 해당하는 한자어를 <보기>에서 골라 한자로 쓰세요.

보기   ① 生育   ② 長大   ③ 王位   ④ 衣食   ⑤ 邑內

01 임금의 자리.

02 생물이 나서 길러짐.

03 읍의 구역 안.

04 의복과 음식을 아울러 이르는 말.

05 길고 크다.

보기   ⑥ 有力   ⑦ 下午   ⑧ 家長   ⑨ 登場   ⑩ 有名

06 이름이 널리 알려져 있음.

07 낮 12시 이후의 시간.

08 세력이나 재산이 있음.

09 무대나 연단 따위에 오름.

10 한 가정을 이끌어 나가는 책임자.

쓰임 익히기

 밑줄 친 부분을 한자로 바르게 쓴 것을 <보기>에서 골라 한자로 쓰세요.

> 보기   ① 登場   ② 場面   ③ 有力   ④ 邑內   ⑤ 王位

01 철새가 떼를 지어 나는 <u>장면</u>을 촬영했다.

02 고대 왕국에서는 <u>왕위</u>를 세습하였다.

03 <u>유력</u>한 우승 후보를 제치다.

04 <u>읍내</u>에 오일장이 열렸다.

05 배우가 <u>등장</u>하자 관객들이 환호했다.

> 보기   ⑥ 漢字   ⑦ 家電   ⑧ 電力   ⑨ 市場   ⑩ 衣食

06 <u>가전</u> 제품을 수리하다.

07 여름이 되자 <u>전력</u> 소비량이 급증했다.

08 <u>의식</u>이 풍족해야 예절을 안다.

09 아이는 어려운 <u>한자</u>도 척척 알아맞혔다.

10 농수산물 <u>시장</u>에서 신선한 채소를 샀다.

독음 익히기

 다음 한자어의 독음을 쓰세요.

> 간체자까지 알면 中國語가 쉬워집니다. 　중국어

01 有名 상표.

02 衣食住에 필요한 물건.

03 人間 문화재.

04 人工 호수.

05 人氣를 끌다.

06 人道와 차도를 구별하다.

07 人事를 나누다.

08 그림 日記.

09 日氣 예보.

10 入國 심사.

11 미성년자 入場 불가.

12 入學 선물.

13 立場을 바꾸어 생각하다.

14 경제적으로 自立하다.

15 自主 독립 정신.

16 전투 場面을 찍다.

17 때와 場所를 가려 말하다.

18 全校 학생회장.

19 電氣가 흐르다.

20 電子 현미경.

UNIT 9 참뜻 익히기

다음 뜻에 해당하는 한자어를 <보기>에서 골라 한자로 쓰세요.

보기 ① 學年   ② 平生   ③ 漢文   ④ 韓食   ⑤ 住民

01 일정 지역에 살고 있는 사람.

02 사람의 전체 생애. 세상에 태어나서 죽을 때까지의 동안.

03 일 년 단위로 구분한 학교 교육 단계.

04 한국의 음식.

05 한자로 쓰인 문장.

보기 ⑥ 水平   ⑦ 住所   ⑧ 學生   ⑨ 前面   ⑩ 草食

06 풀이나 푸성귀를 먹음.

07 배우는 사람.

08 앞을 향한 면.

09 사람이 살고 있는 곳.

10 물처럼 평평한 상태.

쓰임 익히기

 밑줄 친 부분을 한자로 바르게 쓴 것을 <보기>에서 골라 한자로 쓰세요.

> 보기 ① 住所   ② 前方   ③ 正門   ④ 漢江   ⑤ 學年

01 **전방**에 큰 모래 폭풍이 일고 있습니다.

02 등교 시간이 끝나고 학교 **정문**을 닫았다.

03 빈 칸에 집 **주소**를 적으세요.

04 동생은 2**학년**이 되었다.

05 **한강**에 큰 다리가 놓였다.

> 보기 ⑥ 祖母   ⑦ 草食   ⑧ 來韓   ⑨ 漢學   ⑩ 水平

06 아버지는 **조모**의 산소를 청소했다.

07 언니가 좋아하는 영국 가수가 **내한** 공연을 열었다.

08 시소가 **수평**을 이루었다.

09 코끼리는 **초식** 동물이다.

10 할아버지는 **한학**을 공부하셨다.

독음 익히기

다음 한자어의 독음을 쓰세요.

> **예시** 간체자까지 알면 中國語가 쉬워집니다. 중국어

01 前生을 체험하다.

02 前後를 살피다.

03 正答을 맞히다.

04 正面에서 본 얼굴.

05 正午 뉴스.

06 스승과 弟子.

07 祖父母와 함께 살다.

08 잘되면 제 탓 못되면 祖上 탓.

09 쌀을 主食으로 하다.

10 主人 없는 물건.

11 住民 등록증.

12 웹 사이트 住所.

13 中立을 지키다.

14 정치·경제·문화의 中心.

15 온대 地方.

16 天地가 진동하다.

17 千萬의 말씀.

18 草家 지붕.

19 出國 신고.

20 出入 금지.

UNIT 10 참뜻 익히기

 다음 뜻에 해당하는 한자어를 〈보기〉에서 골라 한자로 쓰세요.

> 보기 ① 向上   ② 孝道   ③ 合同   ④ 後面   ⑤ 海上

01 힘을 합해 함께 행동함.

02 바다의 위.

03 위로 향함. 수준이 올라감.

04 뒤쪽 면.

05 부모를 잘 섬기는 도리.

> 보기 ⑥ 後食   ⑦ 前後   ⑧ 休日   ⑨ 好事   ⑩ 後代

06 일을 하지 않고 쉬는 날.

07 좋은 일.

08 밥을 먹은 뒤에 먹는 음식.

09 앞과 뒤.

10 이후의 세대.

쓰임 익히기

밑줄 친 부분을 한자로 바르게 쓴 것을 <보기>에서 골라 한자로 쓰세요.

> 보기   ① 前後   ② 孝道   ③ 向上   ④ 好事   ⑤ 合同

01 우애와 <u>효도</u>를 강조하다.

02 재난 지역에 <u>합동</u> 구조대를 파견했다.

03 <u>전후</u> 상황을 잘 설명했다.

04 점수가 크게 <u>향상</u>했다.

05 최 씨네 집에 <u>호사</u>가 생겼다.

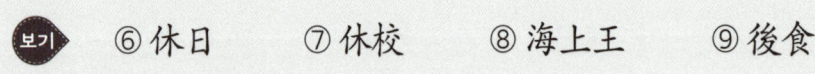

> 보기   ⑥ 休日   ⑦ 休校   ⑧ 海上王   ⑨ 後食   ⑩ 孝子

06 5월 5일을 <u>휴일</u>로 정해 기념했다.

07 <u>해상왕</u> 장보고의 전기를 읽었다.

08 아침에 사과를 <u>후식</u>으로 먹었다.

09 독감이 크게 유행하여 임시 <u>휴교</u>를 했다.

10 그는 소문난 <u>효자</u>였다.

독음 익히기

다음 한자어의 독음을 쓰세요.

예시 간체자까지 알면 中國語가 쉬워집니다. 중국어

01 海軍에 입대하다.

02 海外 유학.

03 兄弟의 우애.

04 火山의 활동.

05 이름을 後世에 남기다.

06 책의 後記를 쓰다.

07 後日을 기약하다.

08 일의 先後를 따지다.

09 임시 休校.

10 休日을 즐기는 사람.

11 부모님 살아 계실 때 孝道하라.

12 合同 구조대.

13 모두 合心하여 산불을 껐다.

14 南海는 다도해이다.

15 方向을 잃다.

16 기록이 向上 되었다.

17 前後 좌우를 잘 살피다.

18 그는 孝子이다.

19 死後 약방문.

20 好事가 생기다.

사자성어 익히기(1)

 다음 뜻에 맞는 사자성어를 〈보기〉에서 골라, 그 독음을 쓰세요.

> **보기** ① 父母兄弟 ② 靑天白日 ③ 南男北女 ④ 男女老少 ⑤ 前後左右

01 아버지와 어머니, 형과 아우를 아울러 이르는 말.

02 남자와 여자, 늙은이와 젊은이. 곧 모든 사람을 이르는 말.

03 앞과 뒤, 왼쪽과 오른쪽을 아울러 이르는 말.

04 하늘이 맑게 갠 날.

05 남쪽은 남자가 잘나고 북쪽은 여자가 아름답다는 말.

> **보기** ⑥ 東問西答 ⑦ 全心全力 ⑧ 四方八方 ⑨ 自問自答 ⑩ 生年月日

06 온 마음과 온 힘.

07 여기저기 모든 방향이나 방면.

08 스스로 묻고, 스스로 대답함.

09 태어난 해와 달과 날.

10 물음과 전혀 상관없는 엉뚱한 대답.

> **보기** ⑪ 三三五五　⑫ 東西南北　⑬ 上下左右　⑭ 名山大川　⑮ 東西古今

11 위와 아래, 왼쪽과 오른쪽을 아울러 이르는 말.

12 동쪽·서쪽·남쪽·북쪽이라는 뜻으로, 모든 방향을 이르는 말.

13 이름난 산과 큰 내. 경치 좋은 곳.

14 서너 사람 또는 대여섯 사람이 떼를 지어 다니거나 무슨 일을 함.

15 동양과 서양, 옛날과 지금을 통틀어 이르는 말.

> **보기** ⑯ 世上萬事　⑰ 不立文字　⑱ 同姓同本　⑲ 三日天下　⑳ 天上天下

16 성과 본이 모두 같음.

17 세상에 생기는 온갖 일.

18 하늘 위와 하늘 아래라는 뜻으로, 온 세상을 이르는 말.

19 사흘간 천하를 지배함. 정권을 잡았다가 짧은 기간 내에 밀려나게 됨.

20 문자로는 세울 수 없다는 뜻으로, 진정한 깊은 진리는 말이나 글을 써서 전할 수 없다는 말.

사자성어 익히기(2)

다음 사자성어의 독음을 쓰세요.

> 예시) 간체자까지 알면 中國語가 쉬워집니다. 중국어

01 生年月日이 어떻게 됩니까?

02 몸이 아프니 世上萬事가 다 귀찮다.

03 너의 말은 아주 東問西答이구나.

04 짙은 안개로 東西南北을 구별할 수가 없다.

05 天上天下에서 자기보다 더 존귀한 이는 없다.

06 이번 사고로 父母兄弟를 한꺼번에 모두 잃었다.

07 옛 어른들은 同姓同本끼리의 결혼을 반대하셨다.

08 무슨 일을 하든지 前後左右를 재어 보고 결정해라.

09 옥 같은 물방울이 青天白日에 무지개를 이루었고….

10 男女老少 누구나 즐길 수 있는 게임을 개발했다.

> **예시** 간체자까지 알면 **中國語**가 쉬워집니다. 중국어

11 링에 올라선 권투 선수는 상체를 **上下左右**로 흔들었다.

12 무슨 일이든지 **全心全力**하면 뜻을 이룰 수 있다.

13 **三三五五** 떼를 지어 줄기 물을 뿜고 다니는 고래.

14 단풍이 고운 내장산에 등산객들이 **四方八方**에서 모여들었다.

15 아무리 나 혼자서 **自問自答**해 보아도 결정을 내릴 수 없었다.

16 화랑도들은 **名山大川**을 두루 돌아다니면서 심신을 단련시켰다.

17 도박으로 부자가 된 사람이 없다는 것이 **東西古今**을 막론하고 진실이다.

18 갑신정변은 청나라의 무력 공격과 일본의 배신으로 **三日天下**로 끝나고 말았다.

19 **不立文字**는 언어나 문자의 형식에 집착하지 않고 마음에서 마음으로 법을 전하고 깨닫는다는 말이다.

20 개회식에서 남북선수단은 **南男北女**가 공동기수로 한반도기를 들고 동시 입장 했다.

반의자·유의자 익히기

 다음 한자와 뜻이 반대·상대되는 한자를 <보기>에서 찾아 쓰세요.

보기	① 今 이제 금	② 答 대답 답	③ 有 있을 유	④ 少 젊을 소	⑤ 學 배울 학
	⑥ 合 합할 합	⑦ 軍 군사 군	⑧ 末 끝 말	⑨ 足 발 족	⑩ 後 뒤 후

01 古 예 고
02 空 빌 공
03 敎 가르칠 교
04 老 늙을 로
05 問 물을 문

06 民 백성 민
07 本 근본 본
08 分 나눌 분
09 先 먼저 선
10 手 손 수

보기	⑪ 女 여자 녀	⑫ 空 하늘 공	⑬ 心 마음 심	⑭ 山 산 산	⑮ 少 적을 소
	⑯ 川 내 천	⑰ 後 뒤 후	⑱ 外 바깥 외	⑲ 母 어머니 모	⑳ 西 서녘 서

11 物 물건 물
12 海 바다 해
13 江 강 강
14 男 사내 남
15 多 많을 다

16 內 안 내
17 前 앞 전
18 東 동녘 동
19 父 아버지 부
20 山 산 산

> 보기
> ㉑ 石 돌 석　㉒ 月 달 월　㉓ 女 여자 녀　㉔ 右 오른 우　㉕ 小 작을 소
> ㉖ 下 아래 하　㉗ 弟 아우 제　㉘ 地 땅 지　㉙ 北 북녘 북　㉚ 入 들 입

21　大 큰 대

22　日 해 일

23　兄 형 형

24　左 왼 좌

25　南 남녘 남

26　上 위 상

27　玉 구슬 옥

28　出 나갈 출

29　子 아들 자

30　天 하늘 천

🐞 다음 한자와 뜻이 같거나 비슷한 한자를 보기에서 찾아 쓰세요.

> 보기
> ① 地 땅 지　② 一 한 일　③ 里 마을 리　④ 代 세대 대　⑤ 室 집 실

01　家 집 가

02　洞 골 동

03　同 한가지 동

04　世 세대 세

05　土 흙 토

간체자 익히기

다음 한자의 간체자를 <보기>에서 찾아 쓰세요.

보기
① 农　② 车　③ 语　④ 电　⑤ 教　⑥ 国　⑦ 门　⑧ 军
⑨ 间　⑩ 问　⑪ 气　⑫ 记　⑬ 学　⑭ 万　⑮ 场

01 車　　06 語　　11 國
02 軍　　07 記　　12 教
03 門　　08 電　　13 學
04 問　　09 氣　　14 農
05 間　　10 萬　　15 場

보기
⑯ 内　⑰ 汉　⑱ 鱼　⑲ 吗　⑳ 植　㉑ 东　㉒ 祖　㉓ 时
㉔ 韩　㉕ 青　㉖ 页　㉗ 来　㉘ 长　㉙ 后　㉚ 马

16 內　　21 嗎　　26 頁
17 時　　22 韓　　27 後
18 長　　23 漢　　28 魚
19 來　　24 祖　　29 青
20 馬　　25 植　　30 東

한자 다지기 정답

UNIT 3   84쪽

참뜻 익히기
01 ② 家門(가문)   02 ③ 歌手(가수)   03 ④ 間食(간식)
04 ① 國歌(국가)   05 ⑤ 中間(중간)   06 ⑦ 人力車(인력거)
07 ⑩ 敎室(교실)   08 ⑥ 王國(왕국)   09 ⑧ 車道(차도)
10 ⑨ 馬車(마차)

쓰임 익히기
01 ① 家門   02 ③ 空間   03 ④ 人間
04 ② 馬車   05 ⑤ 手巾   06 ⑧ 敎育
07 ⑦ 王國   08 ⑩ 中古   09 ⑨ 學校
10 ⑥ 國立

독음 익히기
01 가문   02 가장   03 가수
04 간식   05 고대   06 고물
07 공간   08 공군   09 공기
10 공중   11 공부   12 교실
13 교육   14 교가   15 교내
16 교문   17 교장   18 국가
19 국가   20 국립

UNIT 4   87쪽

참뜻 익히기
01 ④ 空軍(공군)   02 ③ 軍人(군인)   03 ② 記事(기사)
04 ① 日記(일기)   05 ⑤ 人道(인도)   06 ⑦ 古今(고금)
07 ⑩ 農家(농가)   08 ⑨ 年代(연대)   09 ⑧ 農民(농민)
10 ⑥ 正答(정답)

쓰임 익히기
01 ② 古今   02 ④ 記事   03 ① 氣分
04 ③ 空軍   05 ⑤ 農家   06 ⑧ 正答
07 ⑦ 古代   08 ⑥ 人道   09 ⑩ 日記
10 ⑨ 今年

독음 익히기
01 군인   02 금년   03 금방
04 금색   05 기분   06 기사
07 내년   08 내일   09 내심
10 내외   11 노인   12 노후
13 농민   14 농부   15 농사
16 농장   17 농지   18 대지
19 대학   20 동색

UNIT 5   90쪽

참뜻 익히기
01 ③ 洞口(동구)   02 ① 登山(등산)   03 ④ 來年(내년)
04 ⑤ 來日(내일)   05 ② 萬一(만일)   06 ⑨ 年末(연말)
07 ⑩ 本來(본래)   08 ⑧ 文字(문자)   09 ⑦ 每日(매일)
10 ⑥ 老人(노인)

쓰임 익히기
01 ② 天文   02 ④ 同生   03 ⑤ 登校
04 ① 來日   05 ③ 老人   06 ⑧ 千萬
07 ⑩ 年末   08 ⑦ 每年   09 ⑥ 全面
10 ⑨ 文字

독음 익히기
01 동장   02 동해   03 동방
04 등교   05 등장   06 등산
07 만물   08 만사   09 만일
10 말년   11 매년   12 매일
13 면목   14 면장   15 명문
16 명문   17 명소   18 명인
19 모교   20 문자

UNIT 6   93쪽

참뜻 익히기
01 ⑤ 不安(불안)   02 ① 民主(민주)   03 ④ 分立(분립)
04 ② 問答(문답)   05 ③ 本末(본말)   06 ⑩ 農夫(농부)
07 ⑦ 國民(국민)   08 ⑧ 不足(부족)   09 ⑥ 事大(사대)
10 ⑨ 學問(학문)

쓰임 익히기

01 ② 事物	02 ④ 問安	03 ① 本文
04 ③ 農夫	05 ⑤ 萬物	06 ⑧ 國民
07 ⑦ 士氣	08 ⑨ 不足	09 ⑥ 事大
10 ⑩ 不安		

독음 익히기

01 문답	02 문안	03 민주
04 방향	05 백성	06 부모
07 부족	08 불안	09 불평
10 불효	11 사물	12 사방
13 사전	14 산소	15 삼촌
16 상공	17 생육	18 선조
19 선천	20 성명	

UNIT 7   96쪽

참뜻 익히기

01 ③ 白色(백색)	02 ① 同時(동시)	03 ⑤ 植木(식목)
04 ② 語學(어학)	05 ④ 外來語(외래어)	06 ⑨ 市內(시내)
07 ⑦ 時間(시간)	08 ⑥ 所有(소유)	09 ⑩ 市民(시민)
10 ⑧ 室內(실내)		

쓰임 익히기

01 ② 世代	02 ① 市內	03 ⑤ 同時
04 ③ 植民地	05 ④ 場所	06 ⑦ 外國語
07 ⑩ 食口	08 ⑥ 時事	09 ⑧ 植木日
10 ⑨ 植物		

독음 익히기

01 세상	02 세대	03 소식
04 소유	05 수기	06 수도
07 수평	08 시간	09 시대
10 시장	11 시장	12 식수
13 실내	14 심중	15 안전
16 연로	17 오전	18 왕국
19 외국	20 외면	

UNIT 8   99쪽

참뜻 익히기

01 ③ 王位(왕위)	02 ① 生育(생육)	03 ⑤ 邑內(읍내)
04 ④ 衣食(의식)	05 ② 長大(장대)	06 ⑩ 有名(유명)
07 ⑦ 下午(하오)	08 ⑥ 有力(유력)	09 ⑨ 登場(등장)
10 ⑧ 家長(가장)		

쓰임 익히기

01 ② 場面	02 ⑤ 王位	03 ③ 有力
04 ④ 邑內	05 ① 登場	06 ⑦ 家電
07 ⑧ 電力	08 ⑩ 衣食	09 ⑥ 漢字
10 ⑨ 市場		

독음 익히기

01 유명	02 의식주	03 인간
04 인공	05 인기	06 인도
07 인사	08 일기	09 일기
10 입국	11 입장	12 입학
13 입장	14 자립	15 자주
16 장면	17 장소	18 전교
19 전기	20 전자	

UNIT 9   102쪽

참뜻 익히기

01 ⑤ 住民(주민)	02 ② 平生(평생)	03 ① 學年(학년)
04 ④ 韓食(한식)	05 ③ 漢文(한문)	06 ⑩ 草食(초식)
07 ⑧ 學生(학생)	08 ⑨ 前面(전면)	09 ⑦ 住所(주소)
10 ⑥ 水平(수평)		

쓰임 익히기

01 ② 前方	02 ③ 正門	03 ① 住所
04 ⑤ 學年	05 ④ 漢江	06 ⑥ 祖母
07 ⑧ 來韓	08 ⑩ 水平	09 ⑦ 草食
10 ⑨ 漢學		

독음 익히기

01 전생	02 전후	03 정답
04 정면	05 정오	06 제자

07 조부모　08 조상　09 주식
10 주인　11 주민　12 주소
13 중립　14 중심　15 지방
16 천지　17 천만　18 초가
19 출국　20 출입

UNIT 10　105쪽

참뜻 익히기
01 ③ 合同(합동)　02 ⑤ 海上(해상)　03 ① 向上(향상)
04 ④ 後面(후면)　05 ② 孝道(효도)　06 ⑧ 休日(휴일)
07 ⑨ 好事(호사)　08 ⑥ 後食(후식)　09 ⑦ 前後(전후)
10 ⑩ 後代(후대)

쓰임 익히기
01 ② 孝道　02 ⑤ 合同　03 ① 前後
04 ③ 向上　05 ④ 好事　06 ⑥ 休日
07 ⑧ 海上王　08 ⑨ 後食　09 ⑦ 休校
10 ⑩ 孝子

독음 익히기
01 해군　02 해외　03 형제
04 화산　05 후세　06 후기
07 후일　08 선후　09 휴교
10 휴일　11 효도　12 합동
13 합심　14 남해　15 방향
16 향상　17 전후　18 효자
19 사후　20 호사

사자성어 익히기　108쪽

사자성어 익히기(1)
01 ① 父母兄弟　02 ④ 男女老少　03 ⑤ 前後左右
04 ② 靑天白日　05 ③ 南男北女　06 ⑦ 全心全力
07 ⑧ 四方八方　08 ⑨ 自問自答　09 ⑩ 生年月日
10 ⑥ 東問西答　11 ⑬ 上下左右　12 ⑫ 東西南北
13 ⑭ 名山大川　14 ⑪ 三三五五　15 ⑮ 東西古今
16 ⑱ 同姓同本　17 ⑯ 世上萬事　18 ⑳ 天上天下
19 ⑲ 三日天下　20 ⑰ 不立文字

사자성어 익히기(2)
01 생년월일　02 세상만사　03 동문서답
04 동서남북　05 천상천하　06 부모형제
07 동성동본　08 전후좌우　09 청천백일
10 남녀노소　11 상하좌우　12 전심전력
13 삼삼오오　14 사방팔방　15 자문자답
16 명산대천　17 동서고금　18 삼일천하
19 불립문자　20 남남북녀

반의자·유의자 익히기　112쪽

반의자
01 ① 今 이제 금　02 ③ 有 있을 유　03 ⑤ 學 배울 학
04 ④ 少 젊을 소　05 ② 答 대답 답　06 ⑦ 軍 군사 군
07 ⑧ 末 끝 말　08 ⑥ 合 합할 합　09 ⑩ 後 뒤 후
10 ⑨ 足 발 족　11 ⑬ 心 마음 심　12 ⑫ 空 하늘 공
13 ⑭ 山 산 산　14 ⑪ 女 여자 녀　15 ⑮ 少 적을 소
16 ⑱ 外 바깥 외　17 ⑰ 後 뒤 후　18 ⑳ 西 서녘 서
19 ⑲ 母 어머니 모　20 ⑯ 川 내 천　21 ㉕ 小 작을 소
22 ㉒ 月 달 월　23 ㉗ 弟 아우 제　24 ㉔ 右 오른 우
25 ㉙ 北 북녘 북　26 ㉖ 下 아래 하　27 ㉑ 石 돌 석
28 ㉚ 入 들 입　29 ㉓ 女 여자 녀　30 ㉘ 地 땅 지

유의자
01 ⑤ 室 집 실　02 ③ 里 마을 리　03 ② 一 한 일
04 ④ 代 세대 대　05 ① 地 땅 지

간체자 익히기　114쪽
01 ② 车　02 ⑧ 军　03 ⑦ 门
04 ⑩ 问　05 ⑨ 间　06 ③ 语
07 ⑫ 记　08 ④ 电　09 ⑪ 气
10 ⑭ 万　11 ⑥ 国　12 ⑤ 教
13 ⑬ 学　14 ① 农　15 ⑮ 场
16 ⑯ 内　17 ㉓ 时　18 ㉘ 长
19 ㉗ 来　20 ㉚ 马　21 ⑲ 吗
22 ㉔ 韩　23 ⑰ 汉　24 ㉒ 祖
25 ⑳ 植　26 ㉖ 页　27 ㉙ 后
28 ⑱ 鱼　29 ㉕ 青　30 ㉑ 东

HNK 6급
汉字能力考试

국제공인 한자자격증도 거뜬하게!

예상문제

1회~10회

정답

6급 배정한자 모아보기

1회 예상문제 6급

선택형 [1~30]

[1~5] 다음 한자에 해당하는 훈과 음을 고르시오.

01 里
① 마을 리 ② 불 화
③ 임금 왕 ④ 아홉 구

02 世
① 일백 백 ② 다섯 오
③ 달 월   ④ 세상 세

03 校
① 나무 목 ② 학교 교
③ 사귈 교 ④ 병들 녁

04 土
① 구슬 옥 ② 흙 토
③ 선비 사 ④ 가운데 중

05 邑
① 내 천   ② 고을 읍
③ 강 강   ④ 소 우

[6~10] 다음 훈과 음에 해당하는 한자를 고르시오.

06 노래 가
① 自 ② 歌 ③ 西 ④ 千

07 쉴 휴
① 南 ② 山 ③ 耳 ④ 休

08 바 소
① 所 ② 己 ③ 小 ④ 女

09 편안할 안
① 父 ② 北 ③ 安 ④ 六

10 풀 초
① 十 ② 車 ③ 草 ④ 頁

[11~15] 다음 훈과 음에 해당하는 한자와 그 간체자가 바르게 짝지어진 것을 고르시오.

11 사이 간
① 場 = 场 ② 間 = 间
③ 祖 = 祖 ④ 答 = 合

12 뒤 후
① 後 = 后 ② 登 = 广
③ 軍 = 军 ④ 室 = 宀

13 한수 한
① 韓 = 韩 ② 漢 = 汉
③ 電 = 电 ④ 事 = 亅

14 가르칠 교
① 記 = 记 ② 學 = 学
③ 物 = 勹 ④ 敎 = 教

15 안 내
① 魚 = 鱼 ② 南 = 匚
③ 內 = 内 ④ 出 = 凵

[16~18] 다음 한자와 뜻이 반대 또는 상대되는 한자를 고르시오.

16 分
① 心 ② 午 ③ 合 ④ 巾

17 物
① 心　② 文　③ 安　④ 力

18 空
① 工　② 道　③ 目　④ 有

[19~21] 다음 한자와 뜻이 같거나 비슷한 한자를 고르시오.

19 市
① 生　② 邑　③ 每　④ 住

20 世
① 孝　② 九　③ 兄　④ 代

21 一
① 夫　② 七　③ 同　④ 口

[22~24] 다음 밑줄 친 낱말의 뜻을 가진 한자를 고르시오.

22 화분은 햇볕이 잘 드는 자리에 두어라.
① 衣　② 位　③ 今　④ 代

23 시작이 좋아야 끝이 좋다.
① 民　② 不　③ 世　④ 末

24 급한 일이 생겨 약속에 늦었다.
① 事　② 二　③ 九　④ 主

[25~27] 다음 뜻을 가진 한자어를 고르시오.

25 옛 시대
① 古代　② 時代　③ 古字　④ 古家

26 늙은이와 젊은이
① 大小　② 男女　③ 犬羊　④ 老少

27 같은 이름
① 姓名　② 同氣　③ 同名　④ 地名

[28~30] 다음 밑줄 친 한자어의 뜻을 고르시오.

28 삼촌은 문학 方面으로 실력이 뛰어나다.

① 어떤 분야
② 일정한 방법이나 형식
③ 네모반듯한 얼굴
④ 어떠한 사실과 반대되거나 다른 방면

29 水平이 맞지 않아 세탁기가 덜컹거렸다.

① 높낮이가 없이 널찍하고 평평함
② 기울지 않고 평평한 상태
③ 마음에 들지 않아 못마땅하게 여김
④ 똑바로 드리우는 상태

30 적혀있는 홈페이지 住所로 접속했다.

① 살고 있는 곳
② 그 땅에 사는 백성
③ 사람이 살 수 있도록 지은 집
④ 어떤 일이 이루어지거나 일어나는 곳

예상문제 6급 1회

서답형 [31~80]

[31~40] 다음 한자의 훈과 음을 쓰시오.

31 不
32 育
33 洞
34 犬
35 立
36 夕
37 林
38 白
39 羊
40 姓

[41~50] 다음 한자어의 독음을 쓰시오.

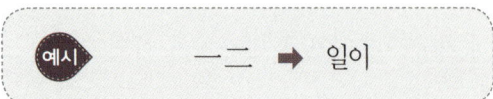

41 每日
42 民生
43 向上
44 多年
45 天地
46 草木
47 生色
48 左右
49 四寸
50 子弟

[51~55] 다음 한자의 간체자를 〈보기〉에서 찾아 쓰시오.

51 農
52 時
53 植
54 語
55 長

[56~60] 다음 한자의 번체자를 〈보기〉에서 찾아 쓰시오.

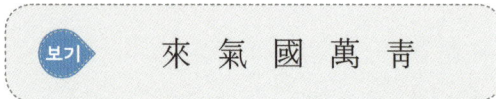

56 青
57 气
58 来
59 国
60 万

[61~62] 다음 한자의 부수를 쓰시오.

61 面
62 本

[63~65] 다음 뜻을 가진 사자성어를 〈보기〉에서 찾아 독음을 쓰시오.

보기: 天上天下　名山大川　生年月日　東問西答

63 태어난 해와 달과 날

64 이름난 산과 내

65 질문과는 전혀 상관없는 엉뚱한 대답

[66~75] 다음 밑줄 친 한자어의 독음을 쓰시오.

예시: 漢字를 익힐 때는 여러 가지 훈과 음에 유의해야 합니다. ➡ 한자

66 한국인은 쌀을 <u>主食</u>으로 한다.

67 그녀는 <u>全心</u>을 다해 그 할머니를 도와드렸다.

68 새로운 핸드폰이 다음달에 <u>出市</u>되면 구입할 예정이다.

69 그 섬에는 열 <u>家口</u> 정도 밖에 살지 않는다.

70 허리에 좋은 운동으로는 <u>登山</u>이 최고다.

71 나는 북경에 있는 친구와 <u>文字</u>를 자주 주고받는다.

72 그 배는 <u>海上</u>에서 폭풍을 만났다.

73 지난 봄 부모님께 <u>孝道</u> 관광을 보내드렸다.

74 이번 미술 전시회는 <u>室外</u>에서 하기로 했다.

75 밤새 <u>工夫</u>를 해서 피곤하다.

[76~80] 다음 밑줄 친 한자어를 한자로 쓰시오.
(번체자나 간체자 중 하나로 통일하여 표기한 것만 정답으로 인정함)

예시: 한자를 쓸 때는 순서에 유의해야 합니다. ➡ 漢字(또는 汉字)

76 이 음식은 <u>생전</u> 처음 먹어 본 맛이다.

77 이번주에 새로운 아파트에 <u>입주</u>한다.

78 우리 학교에서는 <u>정오</u>에 한 시간 휴식한다.

79 어, 어, 내 컴퓨터가 <u>금방</u> 꺼져버렸어요.

80 선수들은 모두 번호가 붙은 <u>상의</u>를 입고 있다.

2회 예상문제 6급

선택형 [1~30]

[1~5] 다음 한자에 해당하는 훈과 음을 고르시오.

01 主
① 임금 왕　② 주인 주
③ 흙 토　　④ 소 우

02 玉
① 구슬 옥　② 석 삼
③ 일천 천　④ 개 견

03 左
① 장인 공　② 언덕 엄
③ 왼 좌　　④ 흰 백

04 多
① 저녁 석　② 큰 대
③ 아래 하　④ 많을 다

05 弟
① 아우 제　② 물 수
③ 형 형　　④ 넉 사

[6~10] 다음 훈과 음에 해당하는 한자를 고르시오.

06 귀 이
① 母　② 耳　③ 火　④ 七

07 수풀 림
① 立　② 文　③ 百　④ 林

08 바깥 외
① 五　② 山　③ 外　④ 六

09 강 강
① 江　② 工　③ 西　④ 北

10 쇠 금
① 先　② 金　③ 白　④ 川

[11~15] 다음 훈과 음에 해당하는 한자와 그 간체자가 바르게 짝지어진 것을 고르시오.

11 마당 장
① 來 = 来　② 頁 = 页
③ 体 = 木　④ 場 = 场

12 물을 문
① 氣 = 气　② 問 = 问
③ 間 = 间　④ 字 = 子

13 군사 군
① 軍 = 军　② 分 = 力
③ 語 = 语　④ 古 = 口

14 말 마
① 農 = 农　② 萬 = 万
③ 馬 = 马　④ 草 = 十

15 동녘 동
① 里 = 土　② 車 = 车
③ 民 = 卩　④ 東 = 东

[16~18] 다음 한자와 뜻이 반대 또는 상대되는 한자를 고르시오.

16 後
① 方　② 不　③ 先　④ 事

17 古
① 心 ② 同 ③ 住 ④ 今

18 末
① 本 ② 合 ③ 邑 ④ 木

[19~21] 다음 한자와 뜻이 같거나 비슷한 한자를 고르시오.

19 家
① 室 ② 字 ③ 門 ④ 答

20 里
① 草 ② 世 ③ 洞 ④ 物

21 土
① 夫 ② 地 ③ 每 ④ 南

[22~24] 다음 밑줄 친 낱말의 뜻을 가진 한자를 고르시오.

22 사과를 세 조각으로 <u>나누었다</u>.
① 分 ② 右 ③ 入 ④ 羊

23 내 방은 마당을 <u>향해</u> 있다.
① 手 ② 地 ③ 代 ④ 向

24 그 학생은 모든 행실이 <u>바르다</u>.
① 上 ② 正 ③ 全 ④ 所

[25~27] 다음 뜻을 가진 한자어를 고르시오.

25 아우나 손아래 누이
① 生日 ② 兄弟 ③ 弟子 ④ 同生

26 눈 앞
① 目下 ② 目前 ③ 名目 ④ 耳目

27 먹을 수 있는 물
① 水平 ② 水位 ③ 食水 ④ 山水

[28~30] 다음 밑줄 친 한자어의 뜻을 고르시오.

28 사람은 <u>外面</u>만 보고 판단해서는 안 된다.
① 사귄 사이가 점점 멀어짐
② 서로 만나서 이야기를 나눔
③ 말이나 하는 짓이 겉에 드러나는 모양
④ 마주치기를 꺼리어 피하거나 얼굴을 돌림

29 그는 그의 마지막 작품에 전심<u>全力</u>을 다하였다.
① 모든 힘
② 한 나라의 전체
③ 여러 가지의 온 통
④ 필요한 것이 모두 갖추어져 있음

30 그의 지극한 <u>孝心</u>에 사람들이 저마다 감탄했다.
① 백성의 마음
② 효성스러운 마음
③ 참고 견디는 마음
④ 의심하고 두려워하는 마음

서답형 [31~80]

[31~40] 다음 한자의 훈과 음을 쓰시오.

> 예시 一 ➡ 한 일

31 安
32 午
33 士
34 歌
35 足
36 寸
37 立
38 夕
39 己
40 少

[41~50] 다음 한자어의 독음을 쓰시오.

> 예시 一二 ➡ 일이

41 登校
42 孝子
43 合同
44 市中
45 出世
46 工夫
47 敎育
48 邑內
49 白衣
50 姓名

[51~55] 다음 한자의 간체자를 〈보기〉에서 찾아 쓰시오.

> 보기 车 鱼 记 电 学

51 魚
52 電
53 學
54 記
55 車

[56~60] 다음 한자의 번체자를 〈보기〉에서 찾아 쓰시오.

> 보기 國 祖 植 韓 長

56 祖
57 韩
58 植
59 长
60 国

[61~62] 다음 한자의 부수를 쓰시오.

> 예시 室 ➡ 宀

61 色
62 休

[63~65] 다음 뜻을 가진 사자성어를 〈보기〉에서 찾아 독음을 쓰시오.

> 보기 南男北女 父母兄弟
>   一人天下 前後左右

63 앞과 뒤, 왼쪽과 오른쪽

64 아버지와 어머니, 형과 아우

HNK 한중상용한자

65 한국에서 예부터 남쪽 지방은 남자가 잘나고 북쪽 지방은 여자가 아름답다는 뜻으로 일러오는 말

75 밤이슬 맞은 草木의 싱그러움이 넘친다.

[76~80] 다음 밑줄 친 한자어를 한자로 쓰시오. (번체자나 간체자 중 하나로 통일하여 표기한 것만 정답으로 인정함)

[66~75] 다음 밑줄 친 한자어의 독음을 쓰시오.

 漢字를 익힐 때는 여러 가지 훈과 음에 유의해야 합니다. ➡ 한자

 한자를 쓸 때는 순서에 유의해야 합니다. ➡ 漢字(또는 汉字)

66 할아버지의 山所에 성묘를 갔다.

76 공중으로 풍선들이 날아올랐다.

77 그녀는 질문에 묵묵부답으로 대응했다.

67 四方에서 사람들이 몰려들었다.

78 아버지께서는 평일에 지방에 머무른다.

68 언니는 每事 부정적인 말투다.

69 그 분은 매일 老母에게 책을 읽어드린다.

79 그 사건의 유력한 용의자가 잡혔다.

70 住民은 힘을 합쳐 불우한 이웃을 도왔다.

80 물기를 닦으려 했으나 수건이 없었다.

71 下校 후에 학원으로 바로 갔다.

72 오늘은 海物을 이용한 요리를 많이 먹었다.

73 적절한 예를 代入해 보았다.

74 우리 학교 시험 성적이 전국 上位에 올랐다.

3회 예상문제 6급

선택형 [1~30]

[1~5] 다음 한자에 해당하는 훈과 음을 고르시오.

01 外
① 언덕 엄   ② 바깥 외
③ 흰 백   ④ 마디 촌

02 名
① 이름 명   ② 성 성
③ 저녁 석   ④ 마음 심

03 左
① 오른 우   ② 소 우
③ 집 면   ④ 왼 좌

04 出
① 뫼 산   ② 입벌릴 감
③ 날 출   ④ 몸 기

05 林
① 수풀 림   ② 나무 목
③ 돌 석   ④ 상자 방

[6~10] 다음 훈과 음에 해당하는 한자를 고르시오.

06 힘 력
① 九   ② 力   ③ 七   ④ 土

07 스스로 자
① 白   ② 百   ③ 父   ④ 自

08 내 천
① 三   ② 千   ③ 川   ④ 天

09 개 견
① 大   ② 犬   ③ 小   ④ 四

10 많을 다
① 女   ② 兄   ③ 火   ④ 多

[11~15] 다음 훈과 음에 해당하는 한자와 그 간체자가 바르게 짝지어진 것을 고르시오.

11 올 래
① 韓 = 韩   ② 空 = 工
③ 來 = 来   ④ 間 = 间

12 물고기 어
① 萬 = 万   ② 答 = 合
③ 頁 = 页   ④ 魚 = 鱼

13 번개 전
① 電 = 电   ② 記 = 记
③ 家 = 宀   ④ 全 = 人

14 동녘 동
① 出 = 凵   ② 東 = 东
③ 車 = 车   ④ 國 = 国

15 가르칠 교
① 祖 = 祖   ② 海 = 每
③ 敎 = 教   ④ 物 = 牛

[16~18] 다음 한자와 뜻이 반대 또는 상대되는 한자를 고르시오.

16 老
① 物   ② 立   ③ 母   ④ 少

17 民
① 王　② 西　③ 三　④ 八

18 答
① 金　② 弟　③ 問　④ 水

[19~21] 다음 한자와 뜻이 같거나 비슷한 한자를 고르시오.

19 一
① 二　② 同　③ 目　④ 入

20 室
① 孝　② 市　③ 家　④ 老

21 世
① 代　② 安　③ 末　④ 不

[22~24] 다음 밑줄 친 낱말의 뜻을 가진 한자를 고르시오.

22 서로 힘을 <u>합하여</u> 일을 해냈다.
① 玉　② 合　③ 面　④ 食

23 그녀는 바다가 보이는 <u>마을</u>에서 태어났다.
① 方　② 有　③ 代　④ 里

24 집이 <u>비어서</u> 외출할 수가 없다.
① 空　② 事　③ 同　④ 所

[25~27] 다음 뜻을 가진 한자어를 고르시오.

25 공공의 이익을 위하여 시의 예산으로 세우고 관리함
① 市立　② 市内　③ 市長　④ 市中

26 일을 하지 않고 쉬는 날
① 日出　② 生日　③ 休校　④ 休日

27 옛날 물건
① 古字　② 古今　③ 古物　④ 生物

[28~30] 다음 밑줄 친 한자어의 뜻을 고르시오.

28 오늘 우리는 <u>校外</u>에서 수업을 했다.
① 학교의 밖
② 학교에 출석 함
③ 사귄 사이가 점점 멀어짐
④ 범위 밖에 두어 빼어 놓음

29 아인슈타인은 <u>末年</u>에 친근한 모습으로 어린 소녀들의 수학 숙제를 도와주었다.
① 한 주일의 끝
② 사물의 맨 끝
③ 일생의 마지막 무렵
④ 하나하나의 모든 해

30 <u>四海</u> 안에 있는 사람은 모두 형제입니다.
① 동쪽 바다
② 남쪽 바다
③ 사방의 바다(온 세상)
④ 네 모퉁이에 각이 있는 모양

예상문제 6급 3회

서답형 [31~80]

[31~40] 다음 한자의 훈과 음을 쓰시오.

예시   一 ➡ 한 일

31 登
32 歌
33 地
34 先
35 主
36 衣
37 玉
38 寸
39 食
40 己

[41~50] 다음 한자어의 독음을 쓰시오.

예시   一二 ➡ 일이

41 手巾
42 孝道
43 上位
44 木草
45 每日
46 正月
47 農夫
48 左右
49 平民
50 生育

[51~55] 다음 한자의 간체자를 〈보기〉에서 찾아 쓰시오.

보기   气 农 后 汉 时

51 漢
52 農
53 時
54 氣
55 後

[56~60] 다음 한자의 번체자를 〈보기〉에서 찾아 쓰시오.

보기   軍 場 祖 學 語

56 军
57 语
58 场
59 学
60 祖

[61~62] 다음 한자의 부수를 쓰시오.

예시   室 ➡ 宀

61 分
62 邑

[63~65] 다음 뜻을 가진 사자성어를 〈보기〉에서 찾아 독음을 쓰시오.

보기: 三日天下　東西南北　全心全力　四方八方

63 마음과 힘을 한곳에 온통 쏟음

64 아주 짧은 기간 동안 정권을 잡았다가 곧 물러나게 됨을 비유적으로 이르는 말

65 모든 방향과 모든 방면

[66~75] 다음 밑줄 친 한자어의 독음을 쓰시오.

예시: 漢字를 익힐 때는 여러 가지 훈과 음에 유의해야 합니다. ➡ 한자

66 그들은 허둥지둥 洞口 밖으로 벗어났다.

67 실수를 해서 팀원들에게 面目이 없어졌다.

68 인내심이 不足해서 집중력이 떨어진다.

69 건강을 위해 生食을 하고 있다.

70 아버지와 함께하면 항상 安心이다.

71 겨울엔 內衣를 꼭 챙겨 입는다.

72 여자 친구는 日本 여행 중이다.

73 생일날 가족과 長魚구이를 먹었다.

74 우리 반 성적이 下向 평준화 되어버렸다.

75 육지와 섬을 연결하는 工事가 진행된다.

[76~80] 다음 밑줄 친 한자어를 한자로 쓰시오.
(번체자나 간체자 중 하나로 통일하여 표기한 것만 정답으로 인정함)

예시: 한자를 쓸 때는 순서에 유의해야 합니다. ➡ 漢字(또는 汉字)

76 설 연휴 첫날 오전부터 차들이 몰려 막히기 시작했다.

77 주소를 쓰지 않고 우체통에 편지를 넣었다.

78 우리 앞에 백색의 설원이 펼쳐졌다.

79 동생은 천문에 관심이 많다.

80 방금 바다 위로 새떼들이 날아갔다.

4회 예상문제 6급

선택형 [1~30]

[1~5] 다음 한자에 해당하는 훈과 음을 고르시오.

01 右
① 오를 등   ② 오른 우
③ 바를 정   ④ 먹을 식

02 己
① 말씀 어   ② 살 주
③ 덮을 멱   ④ 몸 기

03 白
① 흰 백   ② 일백 백
③ 삐침 별   ④ 스스로 자

04 西
① 북녘 북   ② 넉 사
③ 서녘 서   ④ 일곱 칠

05 金
① 쇠 금   ② 흙 토
③ 맏 형   ④ 낯 면

[6~10] 다음 훈과 음에 해당하는 한자를 고르시오.

06 낮 오
① 年   ② 午   ③ 三   ④ 有

07 길 도
① 同   ② 道   ③ 儿   ④ 洞

08 작을 소
① 所   ② 少   ③ 小   ④ 女

09 귀 이
① 五   ② 耳   ③ 南   ④ 山

10 대신할 대
① 子   ② 千   ③ 文   ④ 代

[11~15] 다음 훈과 음에 해당하는 한자와 그 간체자가 바르게 짝지어진 것을 고르시오.

11 일만 만
① 農 = 农   ② 歌 = 欠
③ 萬 = 万   ④ 每 = 母

12 사이 간
① 祖 = 祖   ② 間 = 间
③ 軍 = 军   ④ 語 = 语

13 푸를 청
① 靑 = 青   ② 家 = 宀
③ 頁 = 页   ④ 道 = 自

14 안 내
① 東 = 东   ② 主 = 王
③ 名 = 夕   ④ 內 = 内

15 기록할 기
① 氣 = 气   ② 記 = 记
③ 里 = 土   ④ 孝 = 老

[16~18] 다음 한자와 뜻이 반대 또는 상대되는 한자를 고르시오.

16 敎
① 正   ② 登   ③ 石   ④ 學

HNK 한중상용한자

17 王
① 民　② 林　③ 生　④ 牛

18 前
① 方　② 古　③ 後　④ 先

[19~21] 다음 한자와 뜻이 같거나 비슷한 한자를 고르시오.

19 地
① 平　② 土　③ 水　④ 士

20 洞
① 里　② 同　③ 目　④ 孝

21 代
① 足　② 玉　③ 寸　④ 世

[22~24] 다음 밑줄 친 낱말의 뜻을 가진 한자를 고르시오.

22 마당에 <u>서서</u> 밤하늘을 바라봤다.
① 立　② 出　③ 今　④ 衣

23 나라의 <u>주인</u>은 국민이다.
① 住　② 天　③ 主　④ 心

24 그 분은 참 인정이 <u>많다</u>.
① 父　② 多　③ 外　④ 本

[25~27] 다음 뜻을 가진 한자어를 고르시오.

25 여러 사람이 마음을 한데 합함
① 合一　② 合心　③ 全心　④ 一心

26 주로 풀이나 푸성귀만 먹고 삶
① 草食　② 草木　③ 食水　④ 食事

27 밤 열두 시
① 午前　② 午後　③ 下午　④ 子正

[28~30] 다음 밑줄 친 한자어의 뜻을 고르시오.

28 같은 事物이라도 보는 시각에 따라 다를 수 있다.
① 일이 되어가는 형편
② 뜻 밖에 일어난 사고
③ 일과 물건을 아울러 이르는 말
④ 사회적 관심이나 주목을 끌 만한 일

29 제주도는 아름다운 해변으로 有名하다.
① 이익이 있음
② 이름이 널리 알려져 있음
③ 어떤 성분을 안에 가지고 있음
④ 하나의 소유권이 두 사람에게 속하는 것

30 이 특별한 전시회는 年末까지 열린다.
① 한 해의 마지막 무렵
② 일의 처음부터 끝까지의 경과
③ 한 해 동안 내내
④ 그 달의 끝 무렵

예상문제 4회　133

예상문제 6급 4회

서답형 [31~80]

[31~40] 다음 한자의 훈과 음을 쓰시오.

예시 一 ➡ 한 일

31 字
32 休
33 市
34 邑
35 育
36 每
37 江
38 自
39 石
40 姓

[41~50] 다음 한자어의 독음을 쓰시오.

예시 一二 ➡ 일이

41 向上
42 下衣
43 登場
44 不孝
45 出口
46 先生
47 耳目
48 犬羊
49 四寸
50 手足

[51~55] 다음 한자의 간체자를 〈보기〉에서 찾아 쓰시오.

보기 马 国 时 韩 长

51 長
52 國
53 時
54 馬
55 韓

[56~60] 다음 한자의 번체자를 〈보기〉에서 찾아 쓰시오.

보기 電 魚 植 來 軍

56 军
57 来
58 鱼
59 植
60 电

[61~62] 다음 한자의 부수를 쓰시오.

예시 室 ➡ 宀

61 家
62 文

[63~65] 다음 뜻을 가진 사자성어를 〈보기〉에서 찾아 독음을 쓰시오.

보기: 同姓同本　四方八方　男女老少　靑天白日

63 남자와 여자, 늙은이와 젊은이를 아울러 이르는 말

64 성과 본관이 모두 같음

65 환하게 밝은 대낮

[66~75] 다음 밑줄 친 한자어의 독음을 쓰시오.

예시: 漢字를 익힐 때는 여러 가지 훈과 음에 유의해야 합니다. ➡ 한자

66 그 배우는 일 년간의 空白을 깨고 마침내 다시 무대에 섰다.

67 수박처럼 水分이 많은 과일을 좋아한다.

68 고사장 入室 시간은 8시이다.

69 나는 그 歌手의 친필 사인이 담긴 CD를 가지고 있다.

70 백발이 성한 老人 한분이 내게 다가왔다.

71 검찰의 立場은 국민의 생각과 달랐다.

72 그는 자신의 성공에 安住하지 않고 더욱 노력하고 있다.

73 좌회전하는 순간 車道로 아이가 뛰어들었다.

74 工夫는 평생토록 해도 부족하다.

75 그 방은 강렬한 靑色과 노란색으로 장식이 되어 있었다.

[76~80] 다음 밑줄 친 한자어를 한자로 쓰시오. (번체자나 간체자 중 하나로 통일하여 표기한 것만 정답으로 인정함)

예시: 한자를 쓸 때는 순서에 유의해야 합니다. ➡ 漢字(또는 汉字)

76 삼촌은 훈련소에 입소하여 신병 교육을 받았다.

77 내가 응원하는 팀 순위가 상위에 속해있다.

78 이번 행사에 명사들이 많이 참석한다.

79 그 합창단은 국내와 해외에서 정기적으로 공연을 한다.

80 고금을 막론하고 물질은 인간을 지배한다.

5회 예상문제 6급

선택형 [1~30]

[1~5] 다음 한자에 해당하는 훈과 음을 고르시오.

01 夫
① 큰 대　　② 사내 부
③ 작을 소　④ 아버지 부

02 巾
① 수건 건　② 몸 기
③ 이름 명　④ 양 양

03 午
① 하늘 천　② 힘 력
③ 낮 오　　④ 장인 공

04 海
① 매양 매　② 구슬 옥
③ 어머니 모　④ 바다 해

05 主
① 임금 왕　② 석 삼
③ 주인 주　④ 쌀 포

[6~10] 다음 훈과 음에 해당하는 한자를 고르시오.

06 작을 소
① 大　② 小　③ 牛　④ 少

07 저녁 석
① 夕　② 多　③ 年　④ 住

08 서녘 서
① 北　② 四　③ 白　④ 西

09 아우 제
① 百　② 兄　③ 弟　④ 月

10 일천 천
① 千　② 十　③ 天　④ 七

[11~15] 다음 뜻과 음을 가진 한중상용한자의 간체자와 번체자가 바르게 짝지어진 것을 고르시오.

11 일만 만
① 語 = 语　② 住 = 主
③ 萬 = 万　④ 來 = 来

12 물을 문
① 國 = 国　② 問 = 问
③ 間 = 间　④ 字 = 子

13 기운 기
① 氣 = 气　② 長 = 长
③ 植 = 木　④ 市 = 巾

14 농사 농
① 全 = 王　② 方 = 力
③ 記 = 己　④ 農 = 农

15 마당 장
① 物 = 牛　② 場 = 场
③ 地 = 土　④ 姓 = 女

[16~18] 다음 한자와 뜻이 반대 또는 상대되는 한자를 고르시오.

16 右
① 林　② 色　③ 家　④ 左

17 心
① 代　② 物　③ 正　④ 全

18 古
① 今　② 口　③ 民　④ 十

[19~21] 다음 한자와 뜻이 같거나 비슷한 한자를 고르시오.

19 里
① 後　② 洞　③ 位　④ 分

20 一
① 二　② 洞　③ 自　④ 同

21 室
① 國　② 字　③ 家　④ 全

[22~24] 다음 밑줄 친 낱말의 뜻을 가진 한자를 고르시오.

22 아버지는 주말마다 산에 <u>오르신다</u>.
① 南　② 登　③ 母　④ 五

23 그 가수는 슬픈 <u>노래</u>를 잘 부른다.
① 九　② 川　③ 安　④ 歌

24 방에 꽃이 <u>있으니까</u> 좋다.
① 有　② 面　③ 玉　④ 食

[25~27] 다음 뜻을 가진 한자어를 고르시오.

25 나이가 들어 늙은 때
① 老少　② 末年　③ 月末　④ 老年

26 같은 성
① 姓名　② 同時　③ 同姓　④ 同字

27 각각의 이름이나 신분에 따라 마땅히 지켜야 할 도리
① 有名　② 名分　③ 水平　④ 水分

[28~30] 다음 밑줄 친 한자어의 뜻을 고르시오.

28 언니가 내게 옷을 빌려주고 <u>生色</u>을 냈다.
① 살아서 활동함
② 아이나 새끼를 낳음
③ 파랑과 노랑의 중간 색
④ 다른 사람 앞에 당당히 나설 수 있거나 자랑할 수 있는 체면

29 나라마다 <u>衣食</u> 문화가 다르다.
① 옷과 음식
② 먹는 것과 마시는 것
③ 음식으로 만들어진 물질
④ 음식의 재료가 되는 물품

30 그는 <u>全校</u> 어린이 회장을 하였다.
① 학교에 출석함
② 한 학교의 전체
③ 자기가 졸업한 학교
④ 학교가 수업을 한동안 쉼

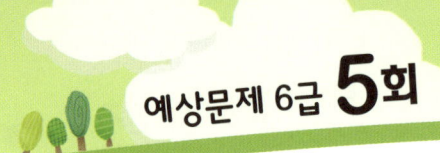

서답형 [31~80]

51 後	52 記
53 祖	54 軍
55 青	

[31~40] 다음 한자의 훈과 음을 쓰시오.

31 平	32 孝
33 住	34 文
35 士	36 邑
37 代	38 每
39 向	40 末

[56~60] 다음 한자의 번체자를 〈보기〉에서 찾아 쓰시오.

56 学	57 教
58 时	59 汉
60 内	

[41~50] 다음 한자어의 독음을 쓰시오.

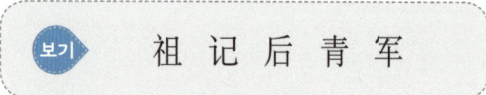

41 自足	42 出口
43 四寸	44 天國
45 外力	46 牛馬
47 姓名	48 青色
49 手工	50 先生

[61~62] 다음 한자의 부수를 쓰시오.

| 61 草 | 62 事 |

[63~65] 다음 뜻을 가진 사자성어를 〈보기〉에서 찾아 독음을 쓰시오.

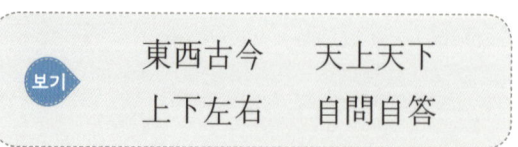

63 스스로 묻고 스스로 대답함

[51~55] 다음 한자의 간체자를 〈보기〉에서 찾아 쓰시오.

64 동양과 서양, 옛날과 지금을 통틀어 이르는 말

65 하늘 위와 하늘 아래라는 뜻으로, 온 세상을 이르는 말

[66~75] 다음 밑줄 친 한자어의 독음을 쓰시오.

 漢字를 익힐 때는 여러 가지 훈과 음에 유의해야 합니다. ➡ 한자

66 칭찬은 자신의 능력을 <u>十分</u> 발휘할 수 있게 한다.

67 주민들은 극도의 추위와 <u>不安</u>에 떨고 있다.

68 그는 <u>出世</u>를 위해 물불을 가리지 않는다.

69 <u>前年</u>에 비해 수익이 많이 늘었다.

70 당락 여부를 <u>本人</u>에게 직접 통지했다.

71 그는 <u>八字</u> 모양으로 걷는다.

72 식물의 <u>生育</u> 과정은 온도에 많은 영향을 받는다.

73 거리에서 <u>市民</u>에게 유인물을 배포하다.

74 우리 반은 <u>合心</u>하여 친구끼리 따돌림을 시키지 않는다.

75 그녀는 동료들의 <u>耳目</u>을 전혀 의식하지 않고 있다.

[76~80] 다음 밑줄 친 한자어를 한자로 쓰시오.
(번체자나 간체자 중 하나로 통일하여 표기한 것만 정답으로 인정함)

 한자를 쓸 때는 순서에 유의해야 합니다. ➡ 漢字(또는 汉字)

76 외국인의 국내 토지 <u>소유</u>가 늘고 있다.

77 이 출판사는 문학 <u>방면</u>의 책을 출판한다.

78 높은 산일수록 <u>공기</u>가 희박하다.

79 <u>정도</u>에서 벗어난 행동을 해 많이 혼났다.

80 그 도서실은 <u>휴일</u>에도 개방한다.

예상문제 정답

1회 120쪽

01 ①   02 ④   03 ②
04 ②   05 ②   06 ②
07 ④   08 ①   09 ③
10 ③   11 ②   12 ①
13 ②   14 ④   15 ③
16 ③   17 ①   18 ④
19 ②   20 ④   21 ③
22 ②   23 ④   24 ①
25 ①   26 ④   27 ③
28 ①   29 ②   30 ①
31 아니 불   32 기를 육   33 골 동
34 개 견   35 설 립   36 저녁 석
37 수풀 림   38 흰 백   39 양 양
40 성씨 성   41 매일   42 민생
43 향상   44 다년   45 천지
46 초목   47 생색   48 좌우
49 사촌   50 자제   51 农
52 时   53 植   54 语
55 长   56 青   57 氣
58 來   59 國   60 萬
61 面   62 木   63 생년월일
64 명산대천   65 동문서답   66 주식
67 전심   68 출시   69 가구
70 등산   71 문자   72 해상
73 효도   74 실외   75 공부
76 生前   77 入住   78 正午
79 今方   80 上衣

2회 124쪽

01 ②   02 ①   03 ③
04 ④   05 ①   06 ②
07 ④   08 ③   09 ①
10 ②   11 ④   12 ②
13 ①   14 ③   15 ④
16 ③   17 ④   18 ①
19 ①   20 ③   21 ②
22 ①   23 ②   24 ②
25 ④   26 ②   27 ③
28 ③   29 ①   30 ②
31 편안 안   32 낮 오   33 선비 사
34 노래 가   35 발 족   36 마디 촌
37 설 립   38 저녁 석   39 몸 기
40 적을 소   41 등교   42 효자
43 합동   44 시중   45 출세
46 공부   47 교육   48 읍내
49 백의   50 성명   51 鱼
52 电   53 学   54 记
55 车   56 祖   57 韓
58 植   59 長   60 國
61 色   62 人(亻)   63 전후좌우
64 부모형제   65 남남북녀   66 산소
67 사방   68 매사   69 노모
70 주민   71 하교   72 해물
73 대입   74 상위   75 초목
76 空中   77 不答   78 平日
79 有力   80 手巾

3회　128쪽

01 ②	02 ①	03 ④
04 ③	05 ①	06 ②
07 ④	08 ③	09 ②
10 ④	11 ③	12 ④
13 ①	14 ②	15 ③
16 ④	17 ①	18 ③
19 ②	20 ③	21 ①
22 ②	23 ④	24 ①
25 ①	26 ④	27 ③
28 ①	29 ③	30 ③
31 오를 등	32 노래 가	33 땅 지
34 먼저 선	35 주인 주	36 옷 의
37 구슬 옥	38 마디 촌	39 먹을 식
40 몸 기	41 수건	42 효도
43 상위	44 목초	45 매일
46 정월	47 농부	48 좌우
49 평민	50 생육	51 汉
52 农	53 时	54 气
55 后	56 軍	57 語
58 場	59 學	60 祖
61 刀	62 邑	63 전심전력
64 삼일천하	65 사방팔방	66 동구
67 면목	68 부족	69 생식
70 안심	71 내의	72 일본
73 장어	74 하향	75 공사
76 午前	77 住所	78 白色
79 天文	80 方今	

4회　132쪽

01 ②	02 ④	03 ①
04 ③	05 ①	06 ②
07 ②	08 ③	09 ②
10 ④	11 ③	12 ②
13 ①	14 ④	15 ②
16 ④	17 ①	18 ③
19 ②	20 ①	21 ④
22 ①	23 ③	24 ②
25 ②	26 ①	27 ④
28 ③	29 ②	30 ①
31 글자 자	32 쉴 휴	33 저자 시
34 고을 읍	35 기를 육	36 매양 매
37 강 강	38 스스로 자	39 돌 석
40 성씨 성	41 향상	42 하의
43 등장	44 불효	45 출구
46 선생	47 이목	48 견양
49 사촌	50 수족	51 长
52 国	53 时	54 马
55 韩	56 軍	57 來
58 魚	59 植	60 電
61 宀	62 文	63 남녀노소
64 동성동본	65 청천백일	66 공백
67 수분	68 입실	69 가수
70 노인	71 입장	72 안주
73 차도	74 공부	75 청색
76 入所	77 上位	78 名士
79 海外	80 古今	

5회　136쪽

01 ②　02 ①　03 ③
04 ④　05 ③　06 ②
07 ①　08 ④　09 ③
10 ①　11 ③　12 ②
13 ①　14 ④　15 ②
16 ④　17 ②　18 ①
19 ②　20 ④　21 ③
22 ②　23 ④　24 ①
25 ④　26 ③　27 ②
28 ④　29 ①　30 ②
31 평평할 평　32 효도 효　33 살 주
34 글월 문　35 선비 사　36 고을 읍
37 대신할 대　38 매양 매　39 향할 향
40 끝 말　41 자족　42 출구
43 사촌　44 천국　45 외력
46 우마　47 성명　48 청색
49 수공　50 선생　51 后
52 記　53 祖　54 軍
55 靑　56 學　57 敎
58 時　59 漢　60 內
61 艸(艹)　62 丨　63 자문자답
64 동서고금　65 천상천하　66 십분
67 불안　68 출세　69 전년
70 본인　71 팔자　72 생육
73 시민　74 합심　75 이목
76 所有　77 方面　78 空氣
79 正道　80 休日

6급 배정한자 모아보기(200字)

※ 숫자는 해당 급수 표시입니다.
※ 상위등급 한자는 하위등급 한자를 모두 포함합니다.
※ '( )'는 한자의 뜻을 이해하기 쉽도록 풀어 쓴 표현입니다.
※ 배정 간체자는 중국에서 공표한 「간화자 총표」를 기준으로 선정하였습니다.
※ 단, 한국과 중국의 표기 방식이 다른 한자에 대해서는 효율적인 한자·중국어 학습을 위하여 병기하였습니다.

ㄱ

⑥	家	집 가
⑥	歌	노래 가
⑥	間 间	사이 간
⑦	江	강 강
⑥	車 车	수레 거[차]
⑥	巾	수건 건
⑦	犬	개 견
⑥	古	예 고
⑦	工	장인(만들다) 공
⑥	空	빌(비다) 공
⑥	校	학교 교
⑥	敎 教	가르칠 교
⑧	九	아홉 구
⑧	口	입 구
⑥	國 国	나라 국
⑥	軍 军	군사 군
⑥	今	이제 금
⑥	記 记	기록할 기
⑥	氣 气	기운 기
⑦	己	몸(나) 기
⑧	金	쇠 금, 성 김

ㄴ

⑧	南	남녘(남쪽) 남
⑧	男	사내 남
⑦	內 内	안 내
⑧	女	여자 녀
⑦	年	해 년

ㄷ 〈계속〉

⑥	農 农	농사 농
⑥	你	너 니

ㄷ

⑦	多	많을 다
⑥	答	대답 답
⑥	代	대신할 대
⑧	大	큰 대
⑥	道 道	길 도
⑥	同	한가지 동
⑧	東 东	동녘(동쪽) 동
⑥	洞	골 동
⑥	登	오를 등

ㄹ

⑥	來 来	올(오다) 래
⑦	力	힘 력
⑥	老	늙을 로
⑧	六	여섯 륙
⑥	里	마을 리
⑦	林	수풀 림
⑦	立	설(서다) 립

ㅁ

⑦	馬 马	말 마
⑥	嗎 吗	의문조사 마
⑥	萬 万	일만(10,000) 만
⑥	末	끝 말
⑥	每	매양 매

ㅁ 〈계속〉

⑥	面	낯 면
⑦	名	이름 명
⑧	母	어미(어머니) 모
⑧	木	나무 목
⑦	目	눈 목
⑥	文	글월 문
⑧	門 门	문 문
⑥	問 问	물을 문
⑥	們 们	들(무리) 문
⑥	物	물건, 만물 물
⑥	民	백성 민

ㅂ

⑥	方	모, 네모 방
⑦	白	흰 백
⑧	百	일백(100) 백
⑥	本	근본 본
⑧	父	아비(아버지) 부
⑥	夫	사내 부 지아비(남편) 부
⑧	北	북녘(북쪽) 북
⑥	分	나눌 분
⑥	不	아니 불[부]

ㅅ

⑥	士	선비 사
⑧	四	넉(넷) 사
⑥	事	일 사
⑧	山	산(뫼, 메) 산

부록 143

급수	한자	훈음
8	三	석(셋) 삼
8	上	위 상
6	色	빛 색
7	生	날(나다) 생
8	西	서녘(서쪽) 서
7	夕	저녁 석
7	石	돌 석
7	先	먼저 선
7	姓	성씨 성
6	世	세상, 인간 세
8	小	작을 소
7	少	적을, 젊을 소
6	所	곳, 바 소
8	水	물 수
7	手	손 수
6	市	저자(시장) 시
6	時 时	때 시
6	食	먹을 식
6	植 植	심을 식
6	室	집 실
7	心	마음 심
8	十	열 십

ㅇ

급수	한자	훈음
6	安	편안할 안
7	羊	양 양
7	魚 鱼	고기 어
6	語 语	말씀 어
6	午	낮 오
8	五	다섯 오
7	玉	구슬 옥
8	王	임금 왕
7	外	바깥 외

급수	한자	훈음
7	牛	소 우
7	右	오른 우
8	月	달 월
6	位	자리 위
6	有	있을 유
6	育	기를 육
6	邑	고을 읍
6	衣	옷 의
8	二	두(둘) 이
7	耳	귀 이
8	人	사람 인
8	一	한(하나) 일
8	日	날, 해 일
8	入	들(들어가다) 입

ㅈ

급수	한자	훈음
8	子	아들 자
6	字	글자 자
7	自	스스로 자
6	長 长	길(길다) 장 / 어른, 자랄 장
6	場 场	마당, 장소 장
6	全	온전할 전
6	前	앞 전
6	電 电	번개, 전기 전
6	正	바를 정
8	弟	아우(동생) 제
6	祖 祖	조상, 할아비 조
7	足	발 족
7	左	왼 좌
7	主	주인, 임금 주
6	住	살(살다) 주
8	中	가운데 중

급수	한자	훈음
7	地	땅 지

ㅊ

급수	한자	훈음
8	千	일천(1,000) 천
7	川	내 천
7	天	하늘 천
7	靑 青	푸를(푸르다) 청
6	草	풀 초
7	寸	마디 촌
7	出	날(나가다) 출
8	七	일곱 칠

ㅌ

급수	한자	훈음
8	土	흙 토

ㅍ

급수	한자	훈음
8	八	여덟 팔
6	平 平	평평할 평

ㅎ

급수	한자	훈음
8	下	아래 하
6	學 学	배울 학
6	漢 汉	한수(한나라) 한
6	韓 韩	한국 한
6	合	합할 합
6	海	바다 해
6	向	향할 향
6	頁 页	머리 혈
8	兄	맏(형) 형
6	好	좋을 호
8	火	불 화
6	孝	효도 효
6	後 后	뒤 후
6	休	쉴 휴

부수자

한자 구성에 기본 획으로 쓰이는 부수를 선정하였습니다.

⑧ 丶	점 주	
⑧ 丨	뚫을 곤	
⑧ 乙 乚	새, 굽을 을	
⑧ 丿	삐침 별	
⑧ 乀	파임 불	
⑧ 亅	갈고리 궐	
⑧ 亠	머리 부분 두	
⑧ 儿	걷는 사람 인	
⑧ 凵	입벌릴 감	
⑧ 冖	덮을 멱	
⑦ 冂	멀(멀다) 경	
⑦ 几	안석 궤	
⑦ 冫	얼음 빙	
⑦ 勹	쌀(감싸다) 포	
⑦ 匕	비수, 숟가락 비	
⑦ 卜	점(점치다) 복	
⑦ 匚[匸]	상자 방 [감출 혜]	
⑦ 卩 㔾	병부 절	
⑦ 厂	언덕 엄	
⑦ 厶	사사(개인적인) 사	
⑥ 囗	에울 위	
⑥ 夂	뒤져올 치 [夊 천천히 걸을 쇠]	
⑥ 宀	집 면	
⑥ 幺	작을 요	
⑥ 广	집 엄	
⑥ 廴	길게 걸을 인	
⑥ 廾	받들 공	
⑥ 弋	주살 익	
⑥ 彐 彑	돼지머리 계	
⑥ 彡	터럭 삼	
⑥ 彳	조금 걸을 척	
⑥ 戈	창 과	
⑥ 攴 攵	칠(치다) 복	
⑥ 欠	하품 흠	
⑥ 歹	살 바른 뼈 알	
⑥ 殳	칠, 몽둥이 수	
⑥ 爪 爫	손톱 조	
⑥ 辶 辶	쉬엄쉬엄 갈 착	
⑥ 爿 丬	조각(널빤지) 장	
⑥ 疒	병들어 기댈 녁	

6급 간체자 (30字)

※ 한국과 중국에서 다르게 표기되는 부수에 따른 한자는 간체자에 포함시키지 않았습니다.

※ 부수 표기의 예

나라\부수	갈 착	풀초머리	보일 시
한국	辶(4획)	⺿(4획)	示(5획)
중국	辶(3획)	⺾(3획)	礻(4획)

间	사이 간 [jiàn]	农	농사 농 [nóng]	们	들(무리) 문 [men]	青	푸를 청 [qīng]
车	수레 차[거] [chē]	东	동녘 동 [dōng]	时	때 시 [shí]	学	배울 학 [xué]
教	가르칠 교 [jiāo]	来	올 래 [lái]	植	심을 식 [zhí]	汉	한수 한 [Hàn]
国	나라 국 [guó]	马	말 마 [mǎ]	鱼	고기 어 [yú]	韩	한국 한 [Hán]
军	군사 군 [jūn]	吗	의문조사 마 [ma]	语	말씀 어 [yǔ]	页	머리 혈/페이지 엽 [yè]
记	기록할 기 [jì]	万	일만 만 [wàn]	长	긴 장 [cháng] [zhǎng]	后	뒤 후 [hòu]
气	기운 기 [qì]	门	문 문 [mén]	场	마당 장 [chǎng]		
内	안 내 [nèi]	问	물을 문 [wèn]	电	번개 전 [diàn]		

6급 선정한자(100字)

※ 한어병음은 중국어 발음 표기법입니다.
※ 대표훈음보다 자세한 것은 자전을 참고합니다.
※ ( )는 한자의 뜻을 이해하는 데 목적을 둔 표현 입니다.

한자	훈음	한어병음
ㄱ		
家	집 가	jiā
歌	노래 가	gē
間 间	사이 간	jiān
車 车	수레 거	jū
	수레 차	chē
巾	수건 건	jīn
古	예 고	gǔ
空	빌, 하늘 공	kōng
	비울 공	kòng
校	학교 교	xiào
	고칠 교	jiào
教 教	가르칠 교	jiāo jiào
國 国	나라 국	guó
軍 军	군사 군	jūn
今	이제 금	jīn
記 记	기록할 기	jì
氣 气	기운 기	qì
ㄴ		
農 农	농사 농	nóng
*你	너 니	nǐ
ㄷ		
答	대답 답	dá
代	대신할 대	dài
道 道	길 도	dào
同	한가지 동	tóng
洞	골 동	dòng
登	오를 등	dēng
ㄹ		
來 来	올 래	lái

한자	훈음	한어병음
老	늙을 로	lǎo
里	마을 리	lǐ
ㅁ		
*嗎 吗	의문조사 마	ma
萬 万	일만 만	wàn
末	끝 말	mò
每	매양 매	měi
面	낯, 겉 면	miàn
文	글월 문	wén
問 问	물을 문	wèn
*們 们	들(무리) 문	men
物	물건 물	wù
民	백성 민	mín
ㅂ		
方	모, 네모 방	fāng
本	근본 본	běn
夫	사내, 남편(지아비) 부	fū
分	나눌 분	fēn
不	아니 불[부]	bù
ㅅ		
士	선비 사	shì
事	일 사	shì
色	빛 색	sè
世	세상, 인간 세	shì
所	바, 곳 소	suǒ
市	저자(시장) 시	shì
時 时	때 시	shí
食	먹을 식	shí
植 植	심을 식	zhí
室	집 실	shì

한자	훈음	한어병음
ㅇ		
安	편안할 안	ān
語 语	말씀 어	yǔ
午	낮 오	wǔ
位	자리 위	wèi
有	있을 유	yǒu
育	기를 육	yù
邑	고을 읍	yì
衣	옷 의	yī
ㅈ		
字	글자 자	zì
長 长	길(길다) 장	cháng
	자랄(자라다) 장	zhǎng
場 场	마당 장	cháng
	장소 장	chǎng
全	온전할 전	quán
前	앞 전	qián
電 电	번개, 전기 전	diàn
正	바를 정	zhèng
祖 祖	할아비 조	zǔ
住	살(살다) 주	zhù
ㅊ		
草	풀 초	cǎo
ㅍ		
平	평평할 평	píng
ㅎ		
學 学	배울 학	xué
漢 汉	한수(China) 한	Hàn
韓 韩	한국(Korea) 한	Hán
合	합할 합	hé
海	바다 해	hǎi
向	향할 향	xiàng

한자	훈음	한어병음
頁 页	머리 혈	yè
好	좋을 호	hǎo
	좋아할 호	hào
孝	효도 효	xiào
後 后	뒤 후	hòu
休	쉴 휴	xiū

부수자 (20字)	
囗	① 에울(에우다) 위
夂	뒤져 올 치
	夊 천천히 걸을 쇠
宀	집 면
幺	작을 요
广	집 엄
廴	② 길게 걸을 인
廾	받들 공
弋	③ 주살 익
彑 彐	돼지머리 계
彡	터럭 삼
彳	조금 걸을(④ 자축거릴) 척
戈	창 과
攴 攵	칠(치다) 복
欠	하품 흠
歹	살 바른 뼈 알
殳	칠(치다), 몽둥이 수
爪 爫	손톱 조
辶 辶	쉬엄쉬엄 갈 착
爿 丬	조각 장
疒	병들어 기댈 녁

낱말의 뜻
① 에우다: 사방을 빙 둘러싸다, 에워싸다
② 길게 걷다: 발을 길게 끌며 멀리 걸어가다
③ 주살: 줄을 매어 쏘는 화살
④ 자축거리다: 다리에 힘이 없어 가볍게 다리를 절며 걷다.

단답형 (31~80)

HNK 한자능력시험 6급 답안지

응시급수	1급	2급	3급	4급	5급	6급	7급	8급
	○	○	○	○	○	●	○	○

성 명

유의사항

1. 모든 표기 및 답안 작성은 지워지지 않는 검정색 필기구를 사용해야 합니다.
2. 바르지 못한 표기를 하였거나 불필요한 표기를 하였을 경우 불이익을 받을 수 있습니다.
3. 표기가 잘못되었을 경우는 수정테이프로 깨끗이 지운 후 다시 칠하거나 쓰십시오.
4. 수험번호를 바르게 쓰고 해당 'O' 안에 표기합니다.
5. 응시급수, 수험번호 및 선택형 답안의 'O' 안의 표기는 컴퓨터용 펜을 사용하여 〈보기〉와 같이 칠해야 합니다.

〈보기〉 ● ① ⊘ ○ × ×

감독위원 확인란
(※수험생은 표기(하)지 말 것)

검사자 표기	검사자의 수험번호를 쓰고 아래에 표기 ○
감독위원 서명	성명, 수험번호 표기가 정확한지 확인 후 서명 또는 날인

수험번호

선택형 (1~30)

1	①	②	③	④		16	①	②	③	④
2	①	②	③	④		17	①	②	③	④
3	①	②	③	④		18	①	②	③	④
4	①	②	③	④		19	①	②	③	④
5	①	②	③	④		20	①	②	③	④
6	①	②	③	④		21	①	②	③	④
7	①	②	③	④		22	①	②	③	④
8	①	②	③	④		23	①	②	③	④
9	①	②	③	④		24	①	②	③	④
10	①	②	③	④		25	①	②	③	④
11	①	②	③	④		26	①	②	③	④
12	①	②	③	④		27	①	②	③	④
13	①	②	③	④		28	①	②	③	④
14	①	②	③	④		29	①	②	③	④
15	①	②	③	④		30	①	②	③	④

▲ 31번부터는 뒷면에 답안을 작성합니다.

채점위원
재심

득점문항수

중국교육부 中外语言交流合作中心
국제공인 한국어검정 관리기관
사단법인 한중문자교류협회

단답형 (31~80)

중국교육부
中外语言交流合作中心

HNK
한중상용한자능력시험 공식교재

신나는 한자

6
간체자
쓰기노트

(사)한중문자교류협회 연구소 편저

학교   이름

다락원

간체자, 이렇게 쓰면 쉬워요!

한자의 필순은 점과 획을 어떤 순서로 쓰는지를 말하는 거예요.
빠르고 편하게 쓰기 위해서 자연스럽게 나온 것으로 다음 같은 원칙이 있어요.
필순을 따르지 않고 거꾸로 써 보면 어떨까요?
자연스럽지 않고 불편하고 시간도 많이 걸릴 거예요.
하지만 필순을 꼭 외울 필요는 없어요. 자꾸 쓰다 보면 저절로 익숙해지니까요.
간체자 쓰기, 어렵지 않아요!

- 가로 획과 세로 획이 있을 때는 가로획부터 씁니다. (예: '흙 토')

  土 土 土

- 삐침과 파임이 있을 때는 삐침부터 씁니다. (예: '큰 대')

  大 大 大

- 상하 구조의 것은 위에서부터 아래로 씁니다. (예: '석 삼')

  三 三 三

- 왼쪽에서 오른쪽으로 씁니다. (예: '내 천')

  川 川 川

- 바깥의 것을 먼저 쓰고 안쪽의 것을 나중에 씁니다. (예: '같을 동')

  同 同 同 同 同 同

- 안쪽의 것을 먼저 쓰고 바깥쪽의 것(받침)을 나중에 씁니다. (예: '통할 통')

  通 通 通 通 通 通 通 通 通 通

- 둘레를 먼저 쓰고 안쪽의 것을 나중에 씁니다. (예: '넉 사')

  四 四 四 四 四

6급 간체자 훈음 읽기 연습

万	气	后	鱼	内	页	间
青	车	门	国	韩	马	教
时	气	电	农	汉	东	植
场	军	语	长	学	来	问
祖	们	吗	马	教	后	时
东	青	内	韩	页	车	万
鱼	国	气	汉	门	学	后
韩	汉	电	国	们	青	气
间	来	学	马	时	韩	门
们	车	时	吗	农	东	国
后	东	场	页	来	内	时
车	长	鱼	问	国	植	东

6급 간체자 쓰기 연습

사이 간	머리 혈	안 내	고기 어	뒤 후	기운 기	일만 만
가르칠 교	말 마	한국 한	나라 국	문 문	수레 차 수레 거	푸를 청
심을 식	동녘 동	중국 한 한수	농사 농	번개 전	기운 기	때 시
물을 문	올 래	배울 학	어른 장 길	말씀 어	군사 군	마당 장
때 시	뒤 후	가르칠 교	말 마	의문조사 마	들(무리) 문	조상 조
일만 만	수레 차 수레 거	머리 혈	한국 한	안 내	푸를 청	동녘 동
뒤 후	배울 학	문 문	중국 한 한수	기운 기	나라 국	고기 어
기운 기	푸를 청	들(무리) 문	나라 국	번개 전 전기	중국 한 한수	한국 한
문 문	한국 한	때 시	말 마	배울 학	올 래	사이 간
나라 국	동녘 동	농사 농	의문조사 마	때 시	수레 차 수레 거	들(무리) 문
때 시	안 내	올 래	머리 혈	마당 장	동녘 동	뒤 후
동녘 동	심을 식	나라 국	물을 문	고기 어	길 장	수레 차 수레 거

8급 간체자 쓰기 연습

*기본 필획도 익혀요.

가로획	세로획	삐침	파임	점
一	丨	丿	㇏	丶
一	丨	丿	㇏	丶

오른꺾음	왼갈고리	치킴	새가슴	좌우꺾음
ㄱ	亅	㇀	乙	㇌
ㄱ	亅	㇀	乙	㇌

東 = 东
동녘 동　dōng

門 = 门
문 문　mén

7급 간체자 쓰기 연습

內 內 內 內

內 = 内	内	内	内	内
안내 nèi				

马 马 马

馬 = 马	马	马	马	马
말 마 mǎ				

鱼 鱼 鱼 鱼 鱼 鱼 鱼 鱼

魚 = 鱼	鱼	鱼	鱼	鱼
고기 어 yú				

青 青 青 青 青 青 青 青

靑 = 青	青	青	青	青
푸를 청 qīng				

6급 간체자 쓰기 연습

間 = 间	间	间	间	间
사이 간　jiān				

車 = 车	车	车	车	车
수레 거　chē				

敎 = 教	教	教	教	教
가르칠 교　jiào				

國 = 国	国	国	国	国
나라 국　guó				

軍 = 军	军	军	军	军
군사 군　jūn				

記 = 记	记	记	记	记
기록할 기　jì				

氣 = 气	气	气	气	气
기운 기　qì				

農 = 农	农	农	农	农
농사 농　nóng				

來 = 来	来	来	来	来
올 래　lái				

嗎 = 吗	吗	吗	吗	吗
의문조사 마　ma				

6급 간체자 쓰기 연습

萬 = 万	万 万 万
일만 만　wàn	万　万　万　万

問 = 问	问 问 问 问 问 问
물을 문　wèn	问　问　问　问

們 = 们	们 们 们 们 们
들(무리) 문　men	们　们　们　们

時 = 时	时 时 时 时 时 时 时
때 시　shí	时　时　时　时

植 = 植	植 植 植 植 植 植 植 植 植 植 植 植
심을 식　zhí	植　植　植　植

語 = 语	语	语	语	语
말씀 어　yǔ				

長 = 长	长	长	长	长
긴 장 어른 장　cháng/zhǎng				

場 = 场	场	场	场	场
마당 장　cháng/chǎng				

電 = 电	电	电	电	电
번개 전　diàn				

學 = 学	学	学	学	学
배울 학　xué				

6급 간체자 쓰기 연습

漢 = 汉	汉	汉	汉	汉
한수(한나라) 한　Hàn				

韓 = 韩	韩	韩	韩	韩
한국 한　Hán				

頁 = 页	页	页	页	页
머리 혈　yè				

后 = 后	后	后	后	后
뒤 후　hòu				

한국에서도 중국에서도 자주 만나는 낱말 익히기

空空空空空空空空/气气气气

空氣 = 空气	空氣	空气
공기　kōng qì		

国国国国国国国国/家家家家家家家家家

國家 = 国家	國家	国家
국가　guó jiā		

军军军军军军/人人

軍人 = 军人	軍人	军人
군인　jūn rén		

农农农农农农/民民民民民

農民 = 农民	農民	农民
농민　nóng mín		

东东东东东/西西西西西西

東西 = 东西	東西	东西
동서　dōng xī		

北北北北北/门门门

北門 = 北门	北門	北门
북문　běi mén		

天天天天/气气气气

天氣 = 天气	天氣	天气
천기　tiān qì		

时时时时时时时/代代代代代

時代 = 时代	時代	时代
시대　shí dài		

学学学学学学学学/生生生生生

學生 = 学生	學生	学生
학생　xué shēng		

市市市市市/场场场场场

市場 = 市场	市場	市场
시장　shì chǎng		

植物 = 植物		植物	植物
식물	zhí wù		

外國 = 外国		外國	外国
외국	wài guó		

人間 = 人间		人間	人间
인간	rén jiān		

日記 = 日记		日記	日记
일기	rì jì		

場面 = 场面		場面	场面
장면	chǎng miàn		

한국에서도 중국에서도 자주 만나는 낱말 익히기

火車 = 火车	火火火火 / 车车车车	
	火車	火车
화차　huǒ chē		

電子 = 电子	电电电电电 / 子子子	
	電子	电子
전자　diàn zǐ		

時間 = 时间	时时时时时时时 / 间间间间间间	
	時間	时间
시간　shí jiān		

中國 = 中国	中中中中 / 国国国国国国国	
	中國	中国
중국　zhōng guó		

校長 = 校长	校校校校校校校校校校 / 长长长长	
	校長	校长
교장　xiào zhǎng		

學校 = 学校		學校	学校
학교	xué xiào		

學問 = 学问		學問	学问
학문	xué wèn		

韓國 = 韩国		韓國	韩国
한국	hán guó		

漢字 = 汉字		漢字	汉字
한자	hàn zì		

後來 = 后来		後來	后来
후래	hòu lái		